STADE 2
40 ans d'émotions

Directeur : Jean-Louis Hocq
Responsable d'édition : Benoît Bontout
Assistantes d'édition : Chloé Herbin et Julie Lyaudet
Création graphique, mise en pages et couverture : Marie Donzelli
Fabrication : Emmanuelle Laine

ISBN : 978-2-263-06831-7
Code éditeur : S06831

Retrouvez-nous sur www.solar.fr

Solar | un département **place des éditeurs**

place
des
éditeurs

Lionel Chamoulaud
avec Bruno Godard

STADE 2
40 ans d'émotions

SOLAR ÉDITIONS

SOMMAIRE

2003-2005

2005-2008

2008-2012

2012-AUJOURD'HUI

VIVE « STADE 2 ! »

par Lionel Chamoulaud

Question du célèbre jeu « Trivial Pursuit » : « Quelle est la plus ancienne émission de sport de la télévision française ? » Bonne réponse : « "Stade 2." » Quarante ans de longévité dans l'audiovisuel : on peut parler d'authentique exploit !

De génération en génération, les téléspectateurs se relaient, fidèles au poste, le dimanche en fin d'après-midi : un vrai rituel. Robert Chapatte en fut le créateur, l'instigateur, l'emblématique présentateur. Pour lancer cette émission souvent copiée, jamais égalée, un générique légendaire captait d'emblée l'attention d'une foule de passionnés de sport. La télévision française de l'époque ne comptait que trois chaînes, ils étaient donc des millions au rendez-vous, en famille, chaque semaine, quasi religieusement rassemblés devant le petit écran pour découvrir tous les résultats de toutes les disciplines. Impossible de manquer cet unique rendez-vous omnisport du « mini-PAF » sous peine de manquer l'unique diffusion de l'essai biterrois, du panier limougeaud, de la victoire de Bernard Hinault ou du but de Michel Platini.

Le show est d'une simplicité totale, d'une efficacité implacable. Une table, un personnage central, des chroniqueurs, des invités. Un concept novateur dans les années 1970, mille fois décliné depuis. Un ton gouailleur, avec des personnalités fortes, attachantes même. Robert Chapatte aimait avoir sa garde rapprochée à ses côtés : à sa droite Roger Couderc, à sa gauche Thierry Roland. Les autres journalistes prenaient place autour de ce trio mythique, pour entrer chez les gens comme s'ils faisaient partie de la famille. À se demander même si cette joyeuse bande n'était pas plus populaire que les sportifs qu'elle glorifiait ! La France regarde le sport le sourire aux lèvres. L'ambiance tient de la troisième mi-temps, du café des Sports, du vestiaire un tantinet macho, grivois parfois, rigolard toujours. On s'amuse des résultats farfelus de Daniel Cazal, on attend « Les buts étrangers » pour les jeux de mots de garçon de bain de Thierry Roland, on se délecte des envolées lyriques avec accent de Roger Couderc. C'est le dernier moment sympa avant la fin du week-end, avant la reprise de l'école et du travail, l'apéro rigolo entre potes. La forme est légère, le fond toujours respecté, la précision exigée.

Une génération de sportifs français se retrouve dans cette émission. Des champions hors normes vont y devenir célèbres : Bernard Hinault, Michel Platini, Jean-Pierre Rives, Alain Prost... C'est leur rendez-vous, leur public, ils sont chez eux. La proximité des journalistes et des athlètes est totale, les téléspectateurs le ressentent.

En quarante ans, le sport a évolué, mais « Stade 2 » est toujours là. Depuis l'immense Robert Chapatte, huit présentateurs ont repris le flambeau. Des dizaines de commentateurs et de reporters hyper-passionnés ont perpétué l'esprit tout en s'adaptant à l'évolution des médias. À l'heure d'Internet et des résultats en temps réel, à l'heure des chaînes thématiques sportives qui diffusent des milliers d'heures de direct, à l'heure des talks qui transforment les sportifs en people, à l'heure des exclusivités des droits télévisuels, « Stade 2 » reste ouvert, dimanche après dimanche.

Ce livre rend hommage à ceux qui ont fait cette émission. Ce sont eux qui vous racontent cette épopée, les journalistes ainsi que les champions qui ont accumulé tant d'exploits magnifiques tout au long de ces quatre merveilleuses décennies.

Anecdotes, photos, récits, rigolades, émotions, témoignages, souvenirs... voici l'album officiel de « Stade 2 ». Du vintage et de la nostalgie, mais aussi le vent du renouveau avec cette douce sensation de sentir un attachement sincère pour cette émission. Elle semble à part dans l'univers changeant de la télévision, forte sans doute de compter sur vous, un public complice.

Gérard Holtz bouclait souvent « Stade 2 » avec son formidable slogan : « Vive le sport ! » Au nom de tous et en te paraphrasant, Gérard, je dis avec émotion : « Vive "Stade 2 !" »

1975

1985

« Cette vie, je l'ai voulue
et je ne la changerais
pour rien au monde,
car elle m'aura permis
non seulement de mieux
connaître le sport,
mais surtout de
connaître l'Homme. »

Robert Chapatte

LES ANNÉES
ROBERT CHAPATTE

Au milieu des années 1970, tout ou presque est à inventer à la télévision. Créée le 1er janvier 1975, Antenne 2 va attirer les meilleurs journalistes sportifs de l'époque qui vont se regrouper autour de Robert Chapatte pour concevoir « Stade 2 ». Plongée au cœur du mythe, au plus près des héros…

Pour connaître et surtout comprendre les hommes et les femmes qui ont participé à la création de « Stade 2 », il faut se replonger quarante ans en arrière. Et se souvenir d'une France de 1975 qui, bien entendu, ne ressemble pas du tout à celle que nous connaissons aujourd'hui, et donc différente à un point que les plus jeunes ne peuvent même pas imaginer. En particulier dans le monde du sport. Les meilleurs footballeurs tricolores jouent tous dans le championnat de France qui s'appelle alors « 1re Division ». L'AS Saint-Étienne de Jean-Michel Larqué, Jacques Santini et d'Ivan Curkovic domine outrageusement les autres équipes. Et les salaires des stars du ballon rond ne dépassent pas les 8 000 euros mensuels. Les rugbymen qui participent au Tournoi des V Nations reprennent tous leur travail le lundi matin, car le rugby est toujours amateur. Ils sont « relations publiques » chez Pernod-Ricard, employés municipaux, agriculteurs ou étudiants. En 1975, le vainqueur du tournoi de Wimbledon remporte une prime de 15 000 euros alors que le tennisman qui a soulevé le trophée en 2015 a gagné la somme de 2,6 millions d'euros. Le vélo de Bernard Thévenet, vainqueur du Tour de France cette année-là, pèse 9,8 kg, tandis que les machines des coureurs actuels tournent autour de 7 kg.

Un temps que les moins de 40 ans…

Dans la vie quotidienne aussi, la France qui va assister à la création de « Stade 2 » n'a pas grand-chose à voir avec celle d'aujourd'hui. Le président Giscard d'Estaing, qui vient tout juste d'être élu, incarne alors la modernité absolue. Il s'invite chez les Français, avec sa femme Anne-Aymone, pour un déjeuner loin de tout protocole. Même si le choc pétrolier de 1973 a plongé le pays dans la crise, le pays ne compte que 800 000 chômeurs.

1975 **Cyclisme** Bernard Thévenet remporte son 1er Tour de France – Daniel Morelon remporte son 7e titre mondial de vitesse – **Tennis** Björn Borg remporte le tournoi de Roland-Garros …/…

Roger Couderc, Robert Chapatte et Thierry Roland, le trio fondateur de « Stade 2 ».

Pour joindre ses amis, un Français de 1975 doit attendre qu'ils rentrent chez eux et qu'ils interrogent un gros répondeur muni de cassettes à bande. Il les appelle en trouvant leurs nom et adresse dans un Bottin aussi gros qu'un dictionnaire pour chaque département. On n'envoie pas de textos pour annoncer une bonne nouvelle, mais des télégrammes, qu'un postier remet en mains propres. La baguette de pain coûte 90 centimes de franc, soit moins de 15 centimes d'euro. On peut manger dans un bon restaurant en ne dépensant que 30 francs, soit un peu moins de 5 euros. Les Français peuvent fumer partout, dans les avions, les écoles, les salles d'attente, les cinémas et même les hôpitaux. On peut fumer et boire des alcools forts à la télévision, c'est dire si la France qui a vu naître « Stade 2 » était différente. Au niveau de la télévision et des médias, justement, on peut dire que notre pays version *mid-seventies* est comparable à celui d'aujourd'hui comme peut l'être le niveau de jeu de Lionel Messi avec celui d'un footballeur du dimanche matin jouant en catégorie vétéran : c'est le jour et la nuit.

Les Français ne reçoivent sur leurs écrans avec tube cathodique, la plupart du temps en noir et blanc, que trois chaînes. La bande FM n'existe pas encore, il n'y a qu'une poignée de radios. Et encore, on ne les capte pas toujours bien lorsque l'on est un peu éloigné des antennes relais. Aucun quotidien sportif ne sort le dimanche, beaucoup moins de magazines sont diffusés en kiosque. Si, en 1975, quelqu'un avait affirmé qu'un jour, on pourrait recevoir sur son écran plat des centaines de chaînes, tout en suivant sur sa tablette tactile tous les matchs des championnats européens, en n'oubliant pas de donner son avis sur le dernier match de tennis sur un réseau social, il aurait été, au mieux, pris pour un illuminé. Mais, à coup sûr, il aurait été emmené sur-le-champ par des hommes en blanc pour aller se reposer quelque temps dans un hôpital psychiatrique. Bref, notre monde était différent. Pas mieux, ni pire. Différent. Et du coup, les hommes qui apparaissaient dans la petite lucarne l'étaient aussi. Les journalistes qui ont fondé « Stade 2 » n'auraient sans doute aucune chance de faire de la télévision aujourd'hui. À l'époque, déjà, on raillait leurs vestes en tweed et leurs cravates en laine qui faisaient un peu « *old school* ». Avec leurs grosses lunettes en verre fumé qui dévoraient une partie de leurs visages, leurs mains puissantes et viriles posées sur la table, leur bonhomie et leur syntaxe parfaite, ils ne passeraient peut-être pas l'étape du premier casting dans le paysage audiovisuel français actuel. Et pourtant, quarante ans après, ces hommes sont toujours des mythes et personne ne les a oubliés. De génération en génération, les pères de famille ont parlé

…/… contre Guillermo Vilas – **Judo** Jean-Luc Rougé devient le 1er champion du monde français des mi-lourds – **Athlétisme** Guy Drut bat le record du monde du 110 m haies en 13 secondes 1976 **Football** L'AS Saint-Étienne perd la finale de la Coupe des clubs champions …/…

Robert Chapatte et son équipe.

Robert Chapatte interviewe Bernard Hinault.

Olivier Rey et Roger Zabel

Pierre Salviac, Robert Chapatte et Richard Diot.

« Robert Chapatte et Roger Couderc n'étaient pas seulement les meilleurs. Ils étaient surtout mes amis. »

Thierry Roland

avec émotion de ce rendez-vous dominical à leurs enfants. Des tribunes, des stades, des rues portent leurs noms, ils sont entrés dans l'histoire de notre pays et font partie de son patrimoine.

Pour avoir une chance de comprendre la création de « Stade 2 », il faut se replonger quarante ans en arrière et dresser le portrait de ces hommes et de ces femmes qui ont créé dans notre pays le journalisme sportif télévisuel. Découvrir leur vie dans les salles de rédaction, leur façon de travailler, de rechercher l'information, de l'offrir aux téléspectateurs qui se regroupaient par millions devant leurs postes, chaque dimanche soir, pour ce rendez-vous qui était tout simplement incontournable pour tous ceux qui s'intéressaient au sport. Au fil de ses quarante ans d'histoire, « Stade 2 » a lancé à l'antenne des dizaines de journalistes. Certains ont été oubliés, mais d'autres sont entrés dans la vie des gens. Pour toujours. Ils ressemblaient à nos frères, à nos oncles ou à nos pères, ils faisaient partie de la famille. Et parmi ces hommes qui ont écrit l'histoire du sport à la télévision française, il y en a trois qui sortent du lot. Ce sont les « trois mousquetaires » qui ont porté cette émission sur les fonts baptismaux et en ont fait un mythe : Roger Couderc, Thierry Roland et leur chef, Robert Chapatte.

Un trio gagnant

Né en 1922 à Neuilly-sur-Seine, Robert Chapatte n'a pas toujours été journaliste. Pendant onze saisons, il a été coureur cycliste et a participé à cinq Tours de France, de 1948 à 1952. Il n'en finira que deux, avec tout de même une honorable 16e place en 1949, sans doute sa meilleure saison sportive puisqu'il remporta cette même année le circuit des Pyrénées. Une année vraiment à part, car, selon la légende, c'est aussi en 1949 qu'il fut le premier coureur cycliste à répondre à une interview en direct à la télévision. Mais c'est surtout sur piste, dans des vélodromes enfumés, que Robert Chapatte, dit « Chapatte de velours », fait parler de lui. Sa gouaille, son sens du spectacle font merveille et ravissent les milliers de passionnés qui s'entassent dans les gradins.

Quand il arrête le vélo, en 1954, Robert Chapatte décide de devenir journaliste et écrit ses premiers papiers pour *L'Aurore* et *Le Provençal*. Dès l'année suivante, il commente les grandes courses cyclistes sur Radio Monte-Carlo. Son verbe, son sens inné de la formule et sa parfaite connaissance de « la science de la course » en font très vite l'une des voix du sport à la radio. Le futur grand patron de « Stade 2 » est un proche de Georges Briquet, surnommé « Papy » et « Roi des reporters radio », un des journalistes sportifs les plus célèbres des années 1950.

…/… contre le Bayern Munich – **JO (athlétisme)** Guy Drut remporte l'or à Montréal sur 110 m haies – **JO (gymnastique)** Nadia Comaneci obtient la note parfaite et maximale de 20 sur 20 aux barres asymétriques – **Judo** Les Français sont champions d'Europe …/…

Bernard Thévenet,
grand vainqueur de l'édition 1977 du Tour de France.

Daniel Cazal, spécialiste du tennis.

Ce mentor, qui prendra sous ses ailes toute la bande des origines de « Stade 2 » ou presque, le fait entrer à la RTF, l'organisme qui gère les deux chaînes de télé et les cinq radios d'État. Au côté de cet homme hors normes, qui a refusé de travailler à Radio Paris, la radio de la Collaboration pendant la Seconde Guerre mondiale, et qui a été déporté à Dachau, Robert Chapatte progresse vite. Au fil des épreuves, il aiguise son talent pour l'improvisation, affûte ses formules et entre à la télévision en 1959. Raymond Marcillac et Jacques Goddet, deux autres mythes du journalisme sportif français, lui permettent d'intervenir régulièrement dans « Les Coulisses de l'exploit ». Le 13 décembre 1961, jour de la première de cette émission, il présente un reportage intitulé « 186 km/h à bicyclette » pour lequel il est allé rencontrer un certain José Meiffret qui souhaite être le premier homme à atteindre les 200 km/h en vélo, un exploit qu'il réalisera quelques mois plus tard le 19 juillet 1962.

Robert Chapatte intervient également dans « Sports Dimanche », où il côtoie Michel Drucker, Thierry Roland et un certain Roger Couderc, un homme qui, lui, n'a jamais été un sportif de haut niveau. Né à Souillac, dans le Lot, en 1918, Roger Couderc découvre le rugby à La Quercynoise, l'association sportive du lycée Gambetta de Cahors. Et s'il sera encore trois-quarts aile pendant quelques années à Mauvezin dans le Gers, il ne pourra jamais jouer les premiers rôles. « J'étais de l'espèce la plus répandue, la plus méritante aussi, celle des tocards persévérants », expliquera-t-il dans son autobiographie *Le Rugby, la télé et moi*[1]. Alors qu'il est adolescent, son père, qui tient un hôtel-restaurant à Souillac, veut qu'il devienne cuisinier pour prendre la suite de l'affaire familiale. Mais le jeune homme a des rêves d'artiste et monte à Paris à l'âge de 15 ans pour étudier aux Beaux-Arts. À 20 ans, il abandonne ses études pour devenir journaliste, lorsque la guerre éclate. Fait prisonnier, il restera trois ans en captivité en Allemagne. Blessé au genou lors d'un bombardement, il revient en France et reprend sa carrière dans la presse. Résistant, il rejoindra le maquis du Gers et, après-guerre, il devient journaliste au *Courrier de la Nièvre*, à *La Dépêche du Midi*, au *Midi Olympique*, mais aussi à *L'Auto Journal*. Spécialisé dans le rugby et dans le sport automobile, il commence à travailler à la télévision dès le début des années 1960. Le public découvre alors sa faconde et sa capacité à faire vivre les exploits sportifs. À cette époque, Roger Couderc commente les matchs de catch qui font alors fureur. Ce sport est un spectacle, un show avec des bons et des méchants, et cet incroyable bateleur y trouve un formidable terrain de jeu. Il prend fait et

1. Éditions Solar, 1966.

…/… en équipe – **Création du marathon de Paris** 42,195 km – **Voile** Éric Tabarly remporte l'OSTAR à bord de *Pen Duick VI*
1977 **Formule 1** Niki Lauda est champion du monde sur Ferrari – **Cyclisme** Bernard Thévenet remporte son second Tour de France – **Rugby** La France …/…

cause pour le «gentil» catcheur, se moque du «méchant», s'enflamme, s'emporte avec une mauvaise foi à toute épreuve qui sera sa marque de fabrique.

Une mauvaise foi et un côté chauvin que ne reniera jamais le troisième «mousquetaire» de la bande, Thierry Roland, né en 1937, à Boulogne-Billancourt. Lui non plus n'est pas un enfant de la balle, et s'il a un peu joué au foot, il ne pourra jamais atteindre le niveau de ses idoles du Racing Club de France, le club qu'il supporte dans sa jeunesse. À 18 ans, il rencontre (lui aussi) Georges Briquet, qui le fait entrer à la RTF, où il ne suit pas uniquement le football. Passionné d'athlétisme et de boxe, il réalise de nombreux reportages sur ces disciplines et suivra même tous les jeux Olympiques dès 1960. Très vite, Raymond Marcillac l'embauche à la télévision et Thierry Roland intervient lui aussi régulièrement dans «Les Coulisses de l'exploit». Avec Roger Couderc et Robert Chapatte qui prennent sous leur aile leur cadet, le courant passe très vite. Le «petit jeune» a du respect pour ses aînés et leur amour inconditionnel du sport. Mais aussi pour leur sens de l'humour, ce qui les rapproche inexorablement. Ils sont faits du même bois, avec leurs immenses qualités et

Guy Drut médaillé d'or du 110 m haies lors des JO de Montréal en 1976.

// « VOUS ÊTES UN SALAUD ! » //

Le 9 octobre 1976, l'équipe de France de football joue un match très important contre la Bulgarie, à Sofia. Durant cette rencontre houleuse, l'arbitre écossais multiplie les décisions litigieuses en faveur des Bulgares et finit par siffler un penalty imaginaire contre les Bleus. Au micro, Thierry Roland s'emporte : «Je n'ai pas peur de le dire, monsieur Foote, vous êtes un salaud !» De nombreux téléspectateurs sont choqués et le dimanche suivant, dans «Stade 2», Robert Chapatte tente d'éteindre la polémique en disant dès le début de l'émission à son compère : «Thierry, vous êtes peut-être allé un peu loin ?» Le commentateur sportif, le sourire aux lèvres, et sans jamais s'excuser, explique alors que tout le monde est d'accord pour dire que l'arbitre a vraiment été mauvais et qu'il ne passera sans doute pas ses vacances en France, mais plutôt en Bulgarie. Du Thierry Roland dans le texte !

…/… remporte le Grand Chelem dans le Tournoi des V Nations, sans concéder un seul essai – **Tennis de table** Jacques Secrétin et Claude Bergeret deviennent champions du monde en double mixte 1978 **Cyclisme** Bernard Hinault gagne son 1er Tour de France pour …/…

« "Stade 2" était facile à réaliser car les meilleurs journalistes étaient sur le plateau ! »

Gérard Van der Gucht

L'AS Saint-Étienne contre le Bayern, finale de la Coupe des champions 1976.

Jean-Pierre Rives, Tournoi des V Nations en 1979.

leurs petits défauts. Ensemble, ils écument les bonnes tables parisiennes où les anecdotes et les bons mots fusent. Ils aiment le sport, l'amitié virile, la loyauté, ils aiment la vie. Ce sont des hommes à l'ancienne, à la Audiard, gouailleurs et amoureux de la langue française, ils étaient faits pour se rencontrer. Ensemble, ils ont la chance de vivre un rêve éveillé : ils ont la vie qu'ils ont choisie. Ils suivent les plus grandes compétitions mondiales, assistent à des événements extraordinaires et côtoient des sportifs encore abordables.

Tribuns en mai 68

Mais un événement historique va les écarter un temps de la petite lucarne. Quand les manifestations de mai 1968 éclatent, le pouvoir vacille. Les étudiants s'emparent de la rue et des grèves monstres éclatent un peu partout. À l'ORTF (l'Office de radiodiffusion télévision française), l'organisme qui contrôle toutes les radios et les télévisions publiques, les journalistes ne sont pas en reste et montent au créneau pour obtenir plus d'autonomie. Roger Couderc et Robert Chapatte sont parmi les meneurs. Selon la légende, ils prennent même la parole dans les amphis de la Sorbonne pour soutenir le mouvement étudiant, avec leur faconde et leurs talents de tribun qui enflamment la jeunesse. Thierry Roland, lui aussi, est de la grève. Et quand le mouvement étudiant s'étiole et que la France oublie le souffle de Mai vient le temps de la grande purge. Le pouvoir de l'époque n'oublie rien et les trois hommes sont mis dans la très grande « charrette » qui frappe la télévision française. Ils sont renvoyés brutalement et trouvent refuge à la radio. Robert Chapatte va exercer ses talents sur Europe 1, Roger Couderc rejoint RTL et Thierry Roland se retrouve à France Inter.

Six ans plus tard, tout va changer à nouveau. Durant l'été 1974, quelques mois après l'élection de Valéry Giscard d'Estaing à la présidence de la République, l'ORTF est démantelé et les « trois mousquetaires » peuvent revenir à la télévision. Après de longues années loin des écrans, ils reviennent en force. Robert Chapatte est nommé patron du service des sports d'Antenne 2 et s'appuie très vite sur Roger Couderc. Un an plus tard, en 1975, Thierry Roland les rejoindra. Le noyau dur de l'équipe de « Stade 2 » est en place pour créer l'émission. Dans les couloirs de la rédaction des sports, mais aussi dans tous les services de la chaîne, tout se met en place.

…/… sa 1re participation à l'épreuve – **Football** L'Argentine remporte la Coupe du monde en battant la Hollande. La France, emmenée par le jeune Michel Platini, est éliminée au 1er tour – **Voile** Le Canadien Mike Birch remporte la 1re Route du Rhum

L'équipe de « Stade 2 » au grand complet.

« En 1974, je travaillais à la déco aux studios Cognacq-Jay, se souvient Jean-Marc L'Hénoret, qui deviendra réalisateur de "Stade 2" dans les années 1990. On nous a demandé de travailler sur un projet d'émission sportive, et, comme j'étais passionné par le sport, je me suis mis au travail. Après de multiples esquisses, j'ai finalement présenté à Robert Chapatte un logo avec deux ombres décalées, à la fin de l'année 1974. Par chance, c'est ce logo qui a été sélectionné parmi plusieurs autres et il a été transmis au service des arts graphiques qui a été chargé de l'animer et de réaliser le fameux générique avec le chronomètre. C'est Catherine Soissons, la chef de ce service, qui a créé ce générique, aidée par un Anglais, Peter Foldes. » Ce générique a marqué des générations de téléspectateurs qui, entendant ce son si étrange, fait de cliquetis, de cris de foule synthétisés et du fameux « tictictictic… haaaa », savaient que « Stade 2 » allait commencer. Sur les images animées, un pouce appuyait sur le déclencheur d'un chronomètre qui se transformait en sprinteur. Puis un autre chrono muait en coureur cycliste, puis en lanceur de disque. Le disque volait et se transformait à son tour en ballon de foot et de rugby avant de former un nouveau chrono qui arrivait dans une main qui appuyait à nouveau sur le déclencheur pour faire apparaître le fameux logo mis au point par Jean-Marc L'Hénoret. « Je n'ai fait "que" le logo, mais j'en suis très fier, explique-t-il. J'ai toujours adoré le sport, et mettre ma petite pierre pour faire naître "Stade 2", c'était déjà formidable. Dès que j'ai vu cette émission, j'ai immédiatement rêvé d'y travailler et, en 1979, après avoir passé un concours interne, je suis devenu monteur. Du coup, j'ai eu la possibilité de travailler directement pour le service des sports et donc pour "Stade 2". Je suis donc devenu un travailleur du dimanche, car je passais tous mes week-ends en salle de montage, au contact des créateurs de l'émission ! » Des années plus tard, le 14 mars 1993, il réalisera son premier « Stade 2 », comme un aboutissement. « Quand j'ai réalisé mon premier "Stade 2", comme un sportif, j'ai eu l'impression d'honorer ma première sélection en équipe nationale, explique le réalisateur. C'était le 14 mars 1993, je m'en souviens très bien, car tout s'est mal passé au début puisque le générique n'est pas parti ! Je me rappelle encore de la remarque de Patrick Chêne qui m'a dit, en plaisantant : "J'ai connu des débuts plus harmonieux…" Mais ça reste un souvenir formidable et j'ai passé des moments merveilleux à "Stade 2", puisque j'ai tout de même obtenu 259 sélections jusqu'à ma retraite en 2014 ! »

1979 **Paris-Dakar** 1re épreuve de l'histoire remportée par Alain Génestier, sur Land Rover – **Alpinisme** L'Italien Reinhold Messner gravit le K2 dans l'Himalaya, sans bouteille d'oxygène – **Ski nautique** À 15 ans, Patrice Martin remporte son 1er championnat …/…

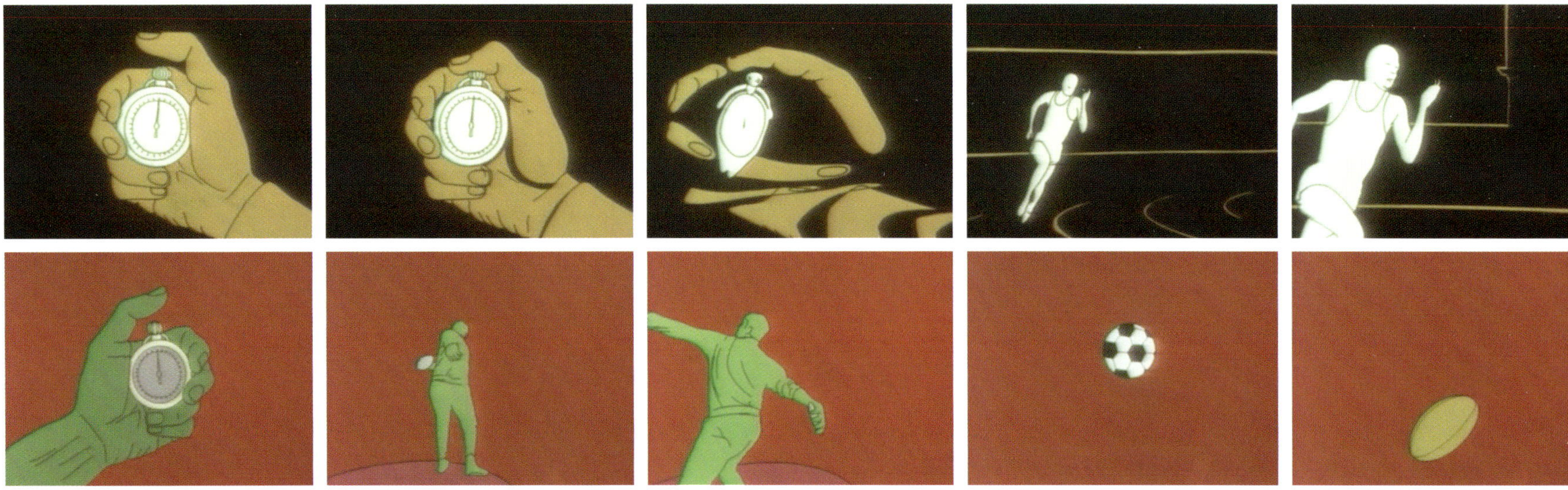

Le 1er générique de « Stade 2 ».

Sous les pavés, le sport !

Mais cela est déjà une autre histoire que nous raconterons dans quelques pages. Replongeons-nous dans la rédaction des sports d'Antenne 2, au cœur de l'année 1975. Et pour cela, rien de tel que de rencontrer Gérard Van der Gucht, le premier réalisateur de « Stade 2 », qui relate avec émotion les quelques mois qui ont précédé le lancement de cette nouvelle émission. Ancien régisseur et assistant à la réalisation sur des longs-métrages comme *Ne nous fâchons pas*, *Angélique* ou des séries comme *Vidocq*, il a très vite eu envie de travailler pour le service des sports. « À la fin des années 1960, Alexandre Tarta, qui était le réalisateur du général de Gaulle, m'a pris sous son aile et m'a fait entrer à l'ORTF, explique-t-il. En 1971, j'ai commencé à réaliser mes premières retransmissions sportives. Comme j'étais le seul réalisateur de l'ORTF à pratiquer le golf, on m'a envoyé faire des images sur les greens. En 1974, je suis entré à la rédaction d'Antenne 2 où je suis devenu un des six réalisateurs du journal et des émissions de la rédaction. Et comme j'adore le sport, je me mettais toujours sur le planning du week-end ! » Très vite, Gérard Van der Gucht réalise « Sports sur la 2 », l'ancêtre de « Stade 2 » et Robert Chapatte en fait son réalisateur attitré. « Début 1975, Robert m'a dit qu'il voulait faire bouger l'émission et réfléchir à un nouveau concept, explique-t-il. Ensemble, nous avons pensé à la fameuse table ovale. Au début, j'avais proposé de faire l'émission au cœur de la rédaction, comme cela s'est fait dans pas mal de programmes des années plus tard ; finalement, Robert a trouvé ça trop compliqué à mettre en place. Il a préféré cette fameuse table qui a fait le succès de l'émission et je pense qu'il a eu raison ! » Pour choisir le nom, pas de brainstorming interminable. « Robert nous a dit : “On est sur Antenne 2, il faut donc le chiffre 2. Et comme on parle de sport, on va appeler ça ‘Stade 2’. Ça vous va ?” »

À la rédaction, Robert Chapatte et Roger Couderc partagent le même bureau. Leur porte est toujours ouverte et les décisions se prennent là, sans formalisme excessif. Les conférences de rédaction du lundi matin sont de véritables grand-messes que Robert Chapatte dirige d'une main de fer, avec une autorité toute naturelle. Chaque journaliste y allait de sa proposition et essuyait les refus plus ou moins motivés du grand patron. Ou un feu vert donné avec enthousiasme pour les plus chanceux. Dans la foulée, le planning était calé et les équipes partaient tourner les reportages ou les images des grands événements. Ensuite, au fil de la semaine, les choses bougeaient un peu, mais le conducteur n'évoluait que très rarement, à une époque où l'actualité se faisait presque exclusivement sur les terrains de sport.

Les « trois mousquetaires » à la charge

Le 28 décembre 1975, en direct du Studio 4 de la mythique rue Cognacq-Jay, l'aventure est lancée. « Le casting était magnifique, se souvient Gérard Van der Gucht. Robert au centre, avec à ses côtés Thierry Roland et Roger Couderc. Ils étaient les trois seuls à rester pendant toute l'émission. Les autres arrivaient et partaient entre les sujets. Pour les premières, il y avait Bernard Père, Jo Choupin, Jean-Paul Ollivier, Christine Paris, Jean Marquet, Jean-Michel Leulliot et Richard Diot. Et puis Henri Bodiguel, un phénomène celui-là. Une voix incroyable, mais un personnage insaisissable qui dormait souvent sur son bureau et prenait sa douche dans le local

…/… du monde de figures à Toronto – **Rugby** Victoire de l'équipe de France en Nouvelle-Zélande face aux All Blacks : 19-24
1980 **Football** En Italie, la RFA remporte le championnat d'Europe des nations – **Cyclisme** Bernard Hinault devient champion du monde sur route …/…

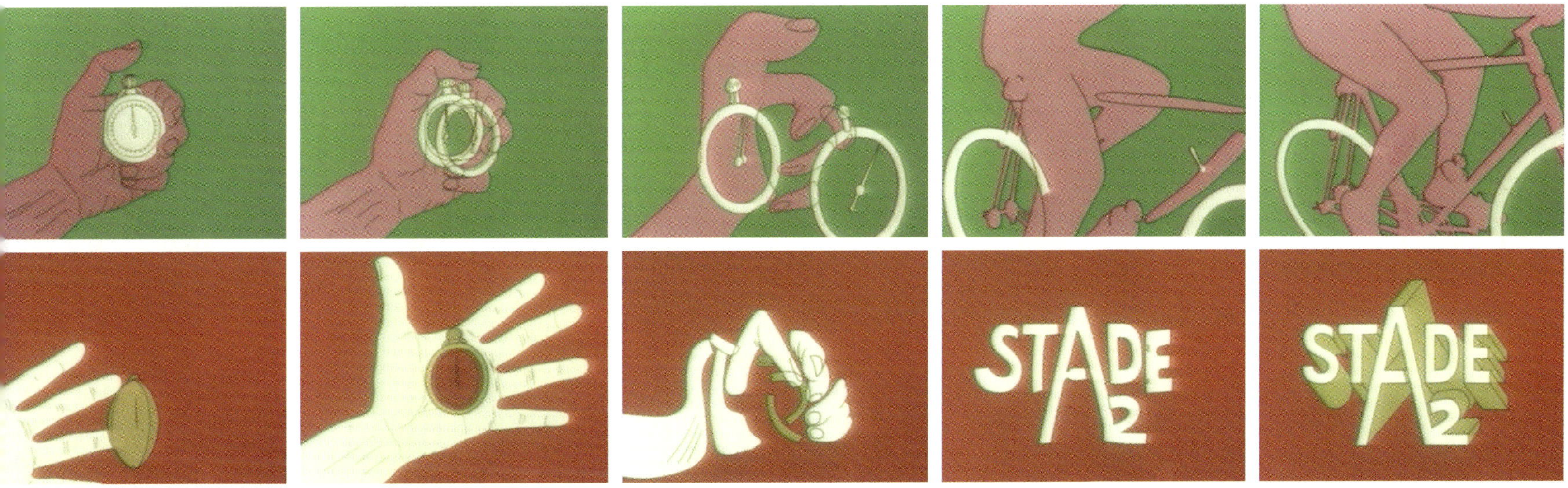

> « Quand on aimait le sport et qu'on travaillait à la télévision, l'objectif numéro un était de travailler pour "Stade 2". »
>
> Jean-Marc L'Hénoret

des pompiers de Cognacq-Jay. Un original, quoi… » Pour la première de cette émission, l'effervescence est réelle, mais les journalistes n'ont pas le trac. Ils connaissent leur métier sur le bout des doigts et ne se mettent pas une pression excessive. « La première s'est passée tout simplement, car nous avions l'habitude de travailler ensemble, précise le réalisateur. En fait, il n'y avait que le décor et la table qui changeaient, par rapport à "Sports sur la 2". Avec d'immenses professionnels comme eux, il n'y avait pas de soucis à se faire. » Jusqu'au début des années 1980, Gérard Van der Gucht va connaître des moments formidables en régie, en observant les numéros des journalistes. « Je me souviens d'un "Stade 2" où Robert Chapatte était parti sur le Dauphiné libéré, explique-t-il avec encore un rire dans la voix. J'ai reçu les images, mais le commentaire sonore, lui, était resté sur la course ! Alors, pendant le sujet précédent, j'ai téléphoné à Thierry Roland sur le plateau et je lui ai dit : "Thierry, tu vas devoir faire dix minutes sur des images de vélo…" Bien entendu, il ne s'est pas démonté. Dès le retour plateau, il a déclaré, face caméra : "Mon ami Van der Gucht vient de me dire que les commentaires de Robert ne sont pas arrivés et que j'allais devoir les faire moi-même. Comme vous le savez, je ne connais pas grand-chose au vélo, alors on va les faire tous ensemble. Messieurs, vos micros sont ouverts, c'est parti…" Et pendant dix minutes, les journalistes présents sur le plateau ont fait un show incroyable ! »

Durant la deuxième moitié des années 1970, toute l'équipe de « Stade 2 » fait grandir l'émission qui devient très vite le rendez-vous incontournable de tous les passionnés de sport. Des millions de téléspectateurs s'installent dans leur canapé et, quand le fameux « générique chronomètre » démarre, ils salivent d'avance en découvrant ces hommes qui vont les informer et les amuser. Ils attendent avec impatience les mythiques panneaux de résultats qui parlent de tous les sports, du football, en passant par le rugby, le volley-ball ou le tennis de table. Sur le plateau, les bons mots fusent, mais aucune information importante n'échappe aux spécialistes. C'est la période dorée de « Stade 2 » et, au bout de quelques mois, le service des sports va s'installer dans un magnifique hôtel particulier situé à quelques mètres des studios de Cognacq-Jay. Boiseries, moulures au plafond, décors somptueux, le décor change, mais les hommes restent les mêmes. Sur la grande terrasse, donnant sur un petit jardin au cœur de Paris, les apéros improvisés créent des liens solides. Le jour de l'arrivée du Tour, l'émission a lieu sur cette terrasse où les vedettes du peloton viennent boire une coupe de champagne.

Le rendez-vous incontournable

« Pendant six ans, poursuit Gérard Van der Gucht, j'ai vécu la plus belle aventure humaine de ma carrière. Nous étions proches, on travaillait très sérieusement, beaucoup, mais on s'amusait tout le temps. Bien entendu, il y avait parfois des frictions, avec des person-

…/… sur le circuit de Sallanches, en France – **JO** Les États-Unis et 50 autres pays boycottent les jeux Olympiques de Moscou, en raison de l'invasion de l'Afghanistan par l'URSS – **JO (judo)** Thierry Rey et Angelo Parisi obtiennent la médaille d'or

Bernard Hinault, vainqueur de Paris-Roubaix 1981.

Le XV de France en 1977 face à l'Angleterre.

nalités aussi fortes, c'est logique, mais tout se réglait en famille. Et dès qu'une attaque sur "Stade 2" venait de l'extérieur, tout le monde était solidaire. Nous étions une famille, une vraie famille. »

Une famille qui grandit, dimanche après dimanche, et dans laquelle tout le monde veut entrer. La télévision prend de plus en plus d'importance dans cette deuxième moitié des années 1970 et les dirigeants du football veulent avoir une meilleure exposition pour leur sport. Tout naturellement, ils se tournent donc vers Antenne 2 et son patron des sports pour créer une émission entièrement consacrée au ballon rond. Mais Robert Chapatte, qui n'est pas un fou de foot, va commettre une petite erreur. « Fernand Sastre, le président de la FFF, et Jean Sadoul, le président de la Ligue, sont venus voir Robert Chapatte en 1977 pour lui proposer "Téléfoot", explique Gérard Van der Gucht. Je me souviens encore de la tête décomposée de Thierry Roland et de Bernard Père quand il leur a répondu : "Non, une émission 100 % foot, je n'y crois pas trop. Montez plutôt voir TF1, ils seront peut-être intéressés !" C'est même Bernard Père, qui rêvait de faire ce genre d'émission, qui les a accompagnés à la rédaction de la chaîne qui était un étage plus haut ! Voilà, c'est pour ça que "Téléfoot" est encore aujourd'hui sur TF1... Mais Robert s'est rapidement aperçu qu'il avait commis une erreur. Alors, très vite, il a utilisé le fameux droit à l'information pour faire trente minutes de foot dans "Stade 2". Avec les buts du championnat de France, mais aussi les mythiques "Buts venus d'ailleurs". Et là, on s'amusait vraiment. C'était une autre époque et personne ne connaissait les noms des joueurs qui évoluaient en Pologne, en Yougoslavie ou en Allemagne de l'Est. Alors, nous utilisions le nom des copains et nous ajoutions un "ski" ou un "ov" à la fin, pour faire couleur locale. Vous imaginez faire un truc pareil aujourd'hui ? *(rires)* »[1].

> « Des hommes comme Robert Chapatte, Roger Couderc ou Thierry Roland ont été essentiels dans ma vie professionnelle, mais aussi dans ma vie personnelle. »
>
> Lionel Chamoulaud

Au sein de l'équipe de « Stade 2 », les journalistes rivalisent d'inventivité pour amuser leurs collègues. Mais aussi pour organiser des petites sauteries improvisées. Pour cela, Thierry Roland était le roi. « Avec un sourire malicieux aux lèvres, il nous disait, à quelques minutes de l'antenne : "On se boit une petite coupe après l'émission ?" Et là, on savait que, pendant "Stade 2", il allait citer à l'antenne le nom du docteur Huth, qui était, à ce moment-là, le dentiste attitré du monde des médias. Entre eux, il y avait un petit pari. Chaque fois que le médecin entendait son nom à l'antenne, il mettait un carton de champagne dans son coffre et partait immédiatement pour la chaîne. Il laissait sa voiture en double file, montait à la rédaction et nous buvions tous ensemble une petite coupe. Pour moi, "Stade 2", c'était ça.

1981 **Saut à la perche** Thierry Vigneron devient le 1er homme à dépasser 5,80 m – **Rallye** Ari Vatanen remporte le championnat du monde – **Football** Grâce à un coup franc magique de Michel Platini, la France bat les Pays-Bas et se qualifie pour la Coupe du monde en Espagne –

Du sérieux, du professionnalisme, car les journalistes ne laissaient pas passer une seule info ou un seul événement important, mais aussi un côté potache qui nous liait tous. On vivait notre rêve, notre passion, tout en s'amusant. Que demander de plus ?... »

Le dimanche midi, pour préparer « Stade 2 », la garde rapprochée de Robert Chapatte se retrouve chez L'Ami Jean ou chez Chaumette, les deux restaurants qui étaient les QG des hommes forts de la rédaction. Au sein de la chaîne, on critique parfois ces méthodes de travail pour le moins originales, mais l'émission marche très fort, les plus grands sportifs se pressent pour y apparaître, le service des sports est intouchable. Marcel Jullian, alors président d'Antenne 2, surnomme affectueusement Robert Chapatte et Roger Couderc « les Divas ». Mais il soutient ces hommes qui ont su intégrer du sang neuf au fil des années pour toujours être dans le coup.

Entrée des jeunes pousses

Olivier Rey, par exemple, sera intronisé comme membre de la rubrique Football par Thierry Roland, sur le plateau de « Stade 2 », le 1er mars 1979. Un an plus tard, Dominique Le Glou viendra aussi s'asseoir à la table de « Stade 2 », suivi de près par Lionel Chamoulaud qui interviendra pour la première fois dans l'émission en février 1981. Jean Mamère entrera au service des sports en 1982 et Gérard Holtz en 1983, avec Roger Zabel. Enfin, en 1985, Patrick Chêne, souvent surnommé « le fils de Chapatte » à la rédaction, rejoindra la bande. Forts de cette jeunesse qui les admire, Robert Chapatte et Roger Couderc, les deux aînés de « Stade 2 », sont au sommet de la gloire et seul le temps qui passe peut les abattre.

L'hommage des « Petits »

Le 21 septembre 1982, Roger Couderc est fait chevalier de la Légion d'honneur, un

Robert Chapatte aux commentaires.

1. À cette époque, TF1 et Antenne 2 faisaient partie du même groupe audiovisuel public.

// LAURENT FIGNON, SUPERSTAR //

En 1982, après une belle carrière amateur, Laurent Fignon signe son premier contrat pro dans l'équipe Renault-Gitane, dont le leader est Bernard Hinault. Le jeune Parisien a 22 ans, des lunettes d'intello, une queue-de-cheval blonde, il devient la coqueluche des médias. Après avoir aidé son patron dans la conquête du Giro et de la Vuelta, le jeune coureur profite du forfait du « Blaireau » pour l'édition 1983 du Tour de France. Laurent Fignon s'empare du maillot jaune à l'Alpe-d'Huez et ne le lâchera plus jusqu'à Paris. L'année suivante, Fignon devient leader de l'équipe Renault-Gitane et écrase de sa classe le Tour 1984. Dans les Alpes, il s'envole et remporte son second titre. Les spécialistes pensent qu'il va dominer le peloton pendant de longues années, mais, durant les saisons suivantes, de nombreuses blessures vont couper son élan. Il reviendra au sommet en 1989, mais pour connaître la terrible désillusion de perdre le Tour de France pour huit secondes seulement, lors de la dernière étape. L'image de ses larmes de souffrance et de rage sur les Champs-Élysées finira d'écrire sa légende. Après sa carrière, il se lancera dans les affaires puis deviendra consultant, où, dès 2005, il commentera le Tour tout en intervenant régulièrement dans « Stade 2 ». Devenu un pilier du service des sports, il sera malheureusement fauché par un cancer, le 31 août 2010, alors qu'il venait de fêter ses 50 ans.

Rugby La France remporte le Tournoi des V Nations en signant un Grand Chelem 1982 **Cyclisme** Bernard Hinault gagne le Tour de France et le Giro (Tour d'Italie) – **Football** Le Paris Saint-Germain remporte le 1er trophée de son histoire en battant Saint-Étienne .../...

Euro 84, victoire des Bleus en demi-finale contre le Portugal à Marseille.

«Les gars, pendant les hymnes, on ne fait qu'une chose : on fixe la Coupe d'Europe. On la fixe et elle va venir à nous.»

Michel Platini, à son équipe avant de sortir des vestiaires.

Les débuts de Patrick Chêne, avec Robert Chapatte et Pierre Fulla.

1er direct de Gérard Holtz en 1983.

Björn Borg, vainqueur de Roland-Garros en 1979.

«On avait monté une équipe de foot avec Gérard Holtz, Hervé Duthu et Dominique Duvauchelle. Une très bonne équipe !»

Jean-Marc L'Hénoret

ultime hommage à son immense carrière qui s'arrêtera quelques mois plus tard. Le 19 mars 1983, il décide de passer la main et commente son dernier match de ses chers «petits Bleus». Une rencontre homérique disputée sur la pelouse du Parc des Princes face au pays de Galles qui scelle la victoire du XV de France dans le Tournoi des V nations. Avant cette rencontre, Jean-Pierre Rives, l'ami de Roger Couderc, son fameux «Casque d'Or», le joueur pour qui le commentateur s'enflamme depuis des années, a décidé de lui offrir son maillot de capitaine. Ce jour-là, les Bleus jouent en blanc et, durant le match, le maillot de Jean-Pierre Rives va changer de couleur. Mais contrairement à ce que pense encore beaucoup de monde aujourd'hui, tout ce rouge vermillon ne sortira pas du corps de Jean-Pierre Rives, qui, durant sa carrière, a pourtant très souvent versé son sang dans l'arène, mais de Serge Blanco. À la suite d'un choc lors d'une réception de balle avec son capitaine, «le Pelé du rugby» s'est en effet fracturé le nez, laissant couler son sang sur le maillot de Jean-Pierre Rives. L'image de cette tunique blanche maculée de rouge fera le tour du monde et symbolise encore aujourd'hui la violence virile du rugby et le courage sans limites de ses gladiateurs. Lors du banquet d'après-match, très émus, le capitaine des Bleus et ses hommes offriront cette tunique de l'exploit à Roger Couderc, comme une nouvelle rosette, encore plus belle, la Légion d'honneur du rugby pour qui le journaliste a tant œuvré. Il commentera encore un dernier match, la finale du championnat de France, le 28 mai 1983. Il pense pouvoir profiter de sa retraite, mais, quelques mois plus tard, le 25 février 1984, il est terrassé par une attaque cérébrale. Il sera inhumé devant tous ses amis, dans le petit cimetière de Mauvezin, dans le Gers, le village natal de sa femme. Comme il l'avait expliqué quelques années auparavant, il a choisi ce lieu «la tête près du clocher pour entendre s'égrener les heures de la vie des autres, et les pieds tournés vers les poteaux de rugby du stade tout proche afin de ne pas rater une transformation». Pour tous les journalistes de «Stade 2», le choc est terrible. La rédaction est dévastée de voir partir Roger Couderc, seulement quelques mois après avoir raccroché son micro.

Pour ses deux plus fidèles acolytes, Robert Chapatte et Thierry Roland, le coup est encore plus violent. Pour eux, c'est la fin d'une époque bénie où ils étaient les rois du sport, les princes des stades, les hommes qui n'avaient jamais vraiment grandi puisqu'ils avaient décidé de faire de leur vie une passion sans fin. La mort, ils la connaissaient, elle les avait déjà frappés de près, mais là, c'était un des leurs, un des «trois mousquetaires» du sport qui était parti. La disparition de Roger Couderc marquait aussi pour eux la fin des rires, des repas joyeux et délurés, peuplés de plats roboratifs et de vins délicats.

La fin d'une époque

Alors, quelques mois après la mort de son ami, Thierry Roland a décidé de quitter «Stade 2». L'ombre de Roger planait sur le studio, dans ces murs où ils avaient passé tant de bons moments et il lui fallait passer à autre chose. Après «Stade 2», Thierry Roland décide de rejoindre TF1, où il commentera les rencontres de football avec Jean-Michel Larqué et présentera «Téléfoot». Match après match, il écrira sa légende de plus grande voix du football français. Des années plus tard, en

…/… en finale de la Coupe de France – **Football** À Séville, l'équipe de France est battue par la RFA lors de la demi-finale de la Coupe du monde en Espagne. L'Italie devient championne du monde 1983 **Tennis** À seulement 26 ans, le Suédois Björn Borg arrête sa carrière –

Les consultants

EMMANUEL PETIT

À l'échelle nationale, il fut champion de France et vainqueur de la Coupe de France avec Monaco. Champion du monde 1998, il est l'auteur du 3e but de la France en finale face au Brésil. Fort de ses 63 sélections en équipe de France, il ajoute à son palmarès de champion d'Europe des nations en 2000 le championnat d'Angleterre et la Cup avec Arsenal.

Que représentait « Stade 2 » lorsque vous étiez téléspectateur ?
C'est une émission qui a bercé mon enfance. J'attendais toujours avec impatience la séquence des buts étrangers. C'était une autre époque, sans agressivité, avec convivialité et amitié. On s'identifiait aux journalistes. Je me souviens de certaines voix très marquées, comme celles de Pierre Albaladejo et Roger Couderc.

Et comme acteur sur le terrain ?
C'est l'époque où les sportifs et les journalistes avaient encore, me semble-t-il, des relations privilégiées. Le off existait encore. On pouvait encore prendre un verre ou déjeuner ensemble pour entretenir une vraie proximité. Il n'y avait ni haine ni méfiance. Je me souviens, par exemple, des interviews réalisées dans cet esprit avec Dominique Le Glou et Olivier Rey. L'arrivée des droits dans le monde de la télévision a tout fait basculer et le marketing a pris le pas. C'est l'arrivée de l'argent, des convoitises, ça alimente même les haines. Ça fait vieux con, mais « c'était mieux avant ».

Et en tant que consultant ?
Être consultant, ça fait naturellement partie de ma génération. On fait partie de l'habillage. Pourtant, c'est très compliqué de passer de l'autre côté. Surtout que je n'ai pas envie d'avoir un regard neutre, ce qui peut provoquer parfois un certain désamour dans le milieu d'où l'on vient. Je tiens à garder ma liberté de ton, je suis « sans étiquette » et je veille à conserver mon indépendance. J'aime bien l'idée que « Stade 2 » puisse traiter en profondeur certains dossiers. Parfois, je trouve frustrant de ne pas avoir suffisamment de temps pour aller au bout des choses, mais cela fait partie de l'exercice.

En 1985, Alain Prost décroche son 1er titre de champion du monde de F1.

1er Grand Chelem pour Serge Blanco en 1981.

Jean-Pierre Rives offre à Roger Couderc…

… son maillot taché du sang de Serge Blanco.

2002, sa voix se transformait encore quand il évoquait le souvenir de « Stade 2 ». Autour d'un civet de lièvre à la royale, chez Géraud, un restaurant du XVIe arrondissement qui ressemblait à ceux qu'il avait fréquentés avec Robert Chapatte et Roger Couderc, il ne tarissait pas d'éloges sur ses amis. « C'étaient des princes, tout simplement, expliquait-il. Ils avaient du *génie*. Ils avaient un sens du commentaire et du direct absolument exceptionnel. Ils savaient capter l'essentiel d'un moment et, surtout, le sublimer. Et ils étaient d'une telle générosité, c'était incroyable. Ils aimaient les gens, ils étaient là grâce à eux, pour eux, et ça, ils ne l'oubliaient jamais. Avec Raymond Marcillac et Georges Briquet, ce sont mes maîtres. Mais c'étaient surtout mes amis. J'ai été heureux avec eux, car c'étaient des "mecs bien", tout simplement. Et avoir vu partir Roger aussi tôt me fait encore mal. Je suis certain qu'il est mort si vite parce qu'il a arrêté sa carrière. Moi, je sais que si j'arrête, il m'arrivera la même chose. Nous sommes des passionnés et quand la passion s'éteint, le reste suit… »

Victime d'une rupture d'anévrisme en 2003, il est écarté par TF1 et commentera son dernier match des Bleus sur TF1 le 17 novembre 2004, puis sa dernière rencontre sur la chaîne lors de la finale de la Coupe de France, en mai 2005. Mais Thierry Roland n'a pas oublié la mort brutale de son ami Roger Couderc et ne veut pas raccrocher. Alors, quelques mois plus tard, il sort de sa retraite pour rejoindre M6, où il commentera des matchs de l'équipe de France ou de Coupe d'Europe jusqu'à sa mort, d'un accident vasculaire cérébral, le 16 juin 2012, en plein Euro de football qu'il devait commenter avec Jean-Michel Larqué.

Robert Chapatte, le fondateur et figure tutélaire de « Stade 2 », arrêtera de présenter l'émission en juin 1985. Roger Couderc au paradis du rugby, Thierry Roland parti vers d'autres cieux, il arrête avant le combat de trop. Il sent qu'il doit passer la main, mais continue tout de même de commenter le Tour de France avec Jacques Anquetil, puis au côté de Patrick Chêne. Il reste incontournable et garde toujours une excellente image auprès du grand public. Ses bons mots font toujours merveille à l'antenne, il reste un « personnage ». Quand Les Inconnus le caricatureront en 1994 en un « Robert Chipotte » un peu porté sur les boissons

…/… d'Europe des nations, en battant l'Espagne en finale au Parc des Princes – **JO (athlétisme)** À Los Angeles, Carl Lewis remporte 4 médailles d'or (100 m, 200 m, saut en longueur et 4×100 m), égalant le record de Jesse Owens aux JO de Berlin de 1936 – **JO (saut à la perche)** Pierre Quinon

« "Stade 2", c'est le "Hall of Fame" des émissions sportives. »

Pierre Sled

anisées, il prendra la chose avec humour en déclarant que « le pastis n'était pas sa marque préférée », lui qui ne jurait que par les malts écossais. Cette année-là, il couvre le Tour pour la 45e fois, mais, pris d'un malaise dans les Pyrénées, il ne finira pas avec le peloton sur les Champs-Élysées. Lors de sa convalescence, il aura cette phrase, drôle et imagée, comme toujours : « Je me suis endormi à Lourdes, je me suis réveillé à La Pitié. » Il mourra le 19 janvier 1997, des suites d'une longue maladie et presque toute la presse titrera sur « la dernière échappée de Robert Chapatte », lui qui, au contraire, aurait sans doute voulu rester pour toujours auprès de ses amis, groupés dans le peloton de l'amitié qu'il chérissait tant...

Un peloton qu'il avait laissé en très bonne forme lors de son départ de « Stade 2 » à l'été 1985. Car si les barons, les trois mousquetaires des origines, le trio magique Chapatte-Couderc-Roland, ne sont plus à l'antenne, ils ont eu l'intelligence de lancer et de former une bande de « petits jeunes » qui vont perpétuer l'esprit « Stade 2 » tout en le modernisant. Pour continuer à être les Rois du Sport...

En 1983, Yannick Noah remporte Roland-Garros.
Il reste le dernier Français à avoir remporté ce tournoi.

est champion olympique, avec un saut à 5,75 m 1985 **Formule 1** Au volant d'une McLaren-Porsche, Alain Prost devient le 1er pilote français champion du monde – **Tennis** À 17 ans et 7 mois, Boris Becker devient le plus jeune vainqueur du tournoi de Wimbledon

JEAN-PIERRE RIVES
CASQUE D'OR

Capitaine du XV de France dès l'âge de 26 ans, Jean-Pierre Rives, surnommé « Casque d'Or » par Roger Couderc, a à son actif 59 sélections en équipe de France de 1975 à 1984 dont 34 en tant que capitaine. Il remporte par deux fois le Tournoi des VI Nations en 1977 et 1981 avec deux Grands Chelems.

Jean-Pierre, quand je vous dis « Stade 2 », vous me répondez quoi ?
Ça représente le sport. Zitrone, Chapatte, Couderc, tout d'un coup je suis entré dans la télé, c'est magique, je suis devenu leur copain. Un rêve d'enfant. J'ai d'ailleurs toujours pensé que les journalistes sont, eux aussi, de grands enfants. Pourtant, ces gens-là avaient un talent incroyable pour transmettre leur passion aux autres.

Lorsque vous avez offert à Roger Couderc votre maillot taché de sang, est-ce que vous pensiez que ce geste aurait une telle répercussion ?
Sûrement pas. En fait, je voulais lui donner le maillot symbole de toute l'équipe ; dans mon esprit, ce n'était pas que le mien. Finalement, c'est devenu un morceau d'histoire. Car ce maillot n'était rien pour moi et tout pour lui. Cet homme était tellement merveilleux, il a rendu mon sport si populaire que c'était la moindre des choses. Il est resté une référence, il m'inspire toujours. Il faisait partie de l'équipe de France, on aimait sa bienveillance et son esprit bon enfant.

Et être l'invité de « Stade 2 » ?
Pour nous, c'était comme la prolongation de la troisième mi-temps. On était toujours émus de venir, on essayait d'être sérieux, mais ça partait vite « en sucette » et ça finissait en grande rigolade. Un vrai moment de détente pour nous, mais aussi, je crois, pour le téléspectateur.

C'était donc le message que vous vouliez faire passer ?
Mais oui, parce que dans le sport, il n'y a finalement jamais rien de grave. On a une chance formidable de pouvoir vivre de grandes émotions et on se doit de les partager.

« On était toujours émus de venir,
on essayait d'être sérieux,
mais ça partait vite "en sucette"
et ça finissait en grande rigolade. »

1985

1992

« Le sport est toujours
en mouvement.
Et "Stade 2" doit
accompagner ces
bouleversements. »

Gérard Holtz

LES ANNÉES
GÉRARD HOLTZ

Après dix ans de succès, les « historiques » se retirent pour laisser la place à une jeune génération de journalistes qu'ils ont formés, dimanche après dimanche. Le sport prend de plus en plus de place à la télévision et Gérard Holtz, la nouvelle voix de « Stade 2 », devient le roi des dimanches soir.

À la rentrée 1985, « Stade 2 » vit une petite révolution : dix ans après sa création, l'émission change d'animateur et de ton. Fini la bonhomie naturelle de Robert Chapatte, place à la fougue et à la jeunesse d'un animateur alors âgé de 39 ans qui a décidé de vouer toute sa vie au sport.

Et pourtant, après des études de droit, ce n'est pas dans ce service que Gérard Holtz débute à la télévision, mais au service de politique étrangère, au début des années 1970. Il enchaîne très vite les grands reportages aux quatre coins du monde et, grâce à Jean-Marie Cavada, il présente le journal télévisé dès 1975. « Journalistiquement parlant, c'était très riche, précise le présentateur. Je faisais les trois éditions du week-end, avec un journal à 13 heures, le 20 Heures et encore un autre à 23 heures. C'était très stimulant et j'étais très heureux de pouvoir mettre un maximum de sport dans tous mes journaux ! » Car si Gérard Holtz vit cette période au cœur de l'actualité, à un poste très exposé, mais tout aussi convoité, quelque chose lui manque : le sport, la grande passion de sa vie. « En 1980, je suis mis à l'écart du journal télévisé par Jean-Pierre Elkabbach. Mais après les élections présidentielles de 1981, il est débarqué à son tour et je reviens au Journal de 13 heures. Je pensais que c'était un retour qui allait durer, mais, en fait, ma vie allait changer. » Un matin de 1982, François-Henri de Virieu, le patron de la rédaction d'Antenne 2, lui propose de se tourner vers sa passion, le sport. « Il m'a dit : “Stade 2” marche bien, mais il faudrait relancer un peu la machine en y mettant de la fraîcheur et un peu de punch.” Il a proposé la même chose à Roger Zabel et nous sommes arrivés tous les deux, en 1982, au service des sports. Mes amis journalistes me prenaient pour un dingue, car quitter le fauteuil de présentateur du Journal pour se retrouver

1985 **Football** Le 29 mai, 39 morts et 600 blessés, lors du drame du Heysel (Belgique), lors du match Liverpool-Juventus Turin 1986 **Paris-Dakar** Le 14 janvier, Thierry Sabine, le créateur .../...

Gérard Holtz, grimé en « Beatholtz », rend hommage aux sportifs français.

simple reporter dans un service bien moins prestigieux, c'était inconcevable pour tout le monde. Sauf pour moi, car le sport est toute ma vie… »

Un départ difficile…

Gérard Holtz ne regrettera jamais ce choix même si, quand il arrive chez les « sportifs » de la rédaction, tout ne se passe pas comme dans un rêve, du moins dans les premiers mois. « Pour être tout à fait franc, au début, ça ne s'est pas bien passé du tout, précise le journaliste. Personne ne comprenait pourquoi je venais, on me prenait pour un fou. Et puis il faut bien dire que Robert Chapatte était un vrai chef de clan. Il était hyper-professionnel, très humain, mais il ressemblait parfois à un professeur entouré de ses élèves. Et chacun de ses élèves avait sa discipline, son territoire et ne comptait pas lâcher une miette de ce terrain. Bernard Père et surtout Thierry Roland étaient sur le football, Roger Couderc sur le rugby, Jo Choupin sur le ski, bref, toutes les disciplines que j'aimais étaient "chasse gardée". Quand je suis arrivé dans son service, Robert Chapatte m'a dit que j'allais avoir un peu de mal à trouver ma place. Du coup, je me suis retrouvé en bout de table en salle de conférences de rédaction à proposer des sujets qui n'étaient pas toujours acceptés, loin de là… »

Pendant plusieurs mois, Gérard Holtz ronge son frein et doit se contenter de traiter des sujets décalés sur le ski de vitesse, quelques portraits de sportifs ou des reportages sur le rallye. Rien de bien passionnant, mais c'est le prix à payer pour s'intégrer dans une équipe qui a ses codes, ses règles et surtout son mode de fonctionnement parfaitement rodé depuis déjà de nombreuses années. Mais pour l'ancienne vedette du JT d'Antenne 2, tout va changer en novembre 1982, quelques mois après son arrivée au service des sports. « C'était le dernier week-end de novembre, se souvient Gérard Holtz. L'équipe de France de tennis jouait la finale de la Coupe Davis contre les États-Unis. C'était un vrai choc au sommet, la France était en finale pour la première fois depuis 1933 et les jeunes Yannick Noah et Henri Leconte avaient une réelle chance de battre des Américains emmenés

…/… de l'épreuve, décède dans un accident d'hélicoptère qui entraînera aussi la mort du chanteur Daniel Balavoine, de Nathalie Odent, de François-Xavier Bagnoud et de Jean-Paul Le Fur – **Hockey sur glace** L'URSS remporte le championnat du monde – **Football** L'Argentine de Diego …/…

par John McEnroe. Bon, en fait, les Tricolores ont complètement raté leur finale et perdu 4 à 1 ! Comme toujours depuis mon arrivée au service des sports, je n'étais pas du voyage sur place, mais j'ai regardé les matchs depuis Paris, car je suis un vrai passionné de tennis. Et ça m'a porté bonheur. Pour le "Stade 2" de ce dimanche-là, tout le monde s'était un peu renvoyé la balle et personne ne s'était occupé de faire les résumés des matchs. Le dimanche, vers 11 heures du matin, ils m'ont appelé en panique pour savoir si j'avais regardé les rencontres et si je me sentais capable d'en faire un long résumé. J'ai bien entendu sauté sur l'occasion et j'ai foncé en salle de montage pour me mettre au boulot avec les monteurs. Tout s'est bien passé et mon long résumé de près de treize minutes a été diffusé dans l'émission. Et, à ma grande surprise, le lundi matin, Robert m'a dit devant tout le monde, lors de la conférence de rédaction : "Gérard, merci et bravo..." J'avais passé mon examen d'entrée et j'étais enfin dans la bande. Il fallait que je leur prouve que ma passion et mon expérience me permettaient d'être des leurs. Cela avait mis quelques mois, mais j'étais enfin accepté. »

Pendant les deux saisons suivantes, Gérard Holtz enchaîne les reportages et les présences sur le plateau de « Stade 2 ». Et même si le courant ne passe pas toujours avec certains cadres de l'émission, il est l'un des hommes qui comptent dans la galaxie « Stade 2 ». Au début de l'année 1985, Christian Quidet devient le directeur du service des sports d'Antenne 2. Robert Chapatte commence à sentir le besoin de souffler un peu. Dans les couloirs de la direction de la chaîne, on se dit que le moment est sans doute venu de lui trouver un successeur. « Christian Quidet a été pour moi un maître et un modèle d'humanité, de professionna-

Alain Vernon et Gérard Holtz interviewent «Lucho» Herrera.

Gilles Cozanet, spécialiste d'athlétisme et de basket.

Luis Fernandez, contre le Brésil, quarts de finale de la Coupe du monde 1986.

Thierry Sabine, créateur du Paris-Dakar lors du départ en 1985.

1re participation du Prince Albert de Monaco aux jeux Olympiques de Calgary en 1988.

« Pour le passionné de sport que je suis depuis toujours, présenter une émission comme "Stade 2" est aussi important que de présenter le journal télévisé. »

Gérard Holtz

Jean-François Lamour, champion olympique de sabre en 1988.

lisme, précise Gérard Holtz. Quand il a pris la tête du service, il a discuté avec Jean-Claude Héberlé, un de mes anciens patrons au service de politique étrangère, qui lui a dit que j'étais l'homme qu'il fallait pour remplacer Robert. En plus, en juillet 1985, avec Alain Vernon et Patrick Chêne, j'ai inventé "Le Journal du Tour" qui est devenu tout de suite un gros succès. Du coup, j'étais dans les petits papiers des grands patrons. Ils m'ont donc proposé durant l'été de prendre les rênes de "Stade 2". Pour un passionné de sport comme moi, c'était juste un rêve et j'ai évidemment accepté, car dans mon échelle des valeurs, "Stade 2" était aussi haut que le 20 Heures. Je place le sport à ce niveau, car je suis intimement persuadé que c'est la seule chose qui puisse vraiment rapprocher les hommes. Et puis être le successeur d'une icône comme Robert Chapatte, c'était tout simplement énorme. »

... mais un passage de témoin réussi

Quand il est nommé à la tête du grand rendez-vous dominical, Gérard Holtz sait que la tâche sera immense, car prendre la suite du fondateur de l'émission n'est pas chose aisée. De plus, les grands barons qui ont fait la renommée du programme ne sont plus là. Roger Couderc est mort le 25 février 1984 et Thierry Roland a quitté la chaîne la même année pour rejoindre TF1. C'est la fin d'une époque et il va falloir se battre pour rester au niveau des glorieux anciens.

« Dès que j'ai su que j'allais présenter "Stade 2", j'ai travaillé comme un fou, explique Gérard Holtz. Quand j'ai été nommé, je me suis dit qu'il fallait que je sois plus fort que chacun des journalistes dans sa spécialité. Car il fallait que je sois accepté et surtout respecté par tous. Je ne voulais pas être pris en défaut sur mes connaissances sportives. Je lisais donc tous les magazines sur tous les

.../... et la Nouvelle-Zélande remporte la première Coupe du monde en battant les Bleus – **Cyclisme** Stephen Roche réalise le triplé Tour de France, Tour d'Italie et championnat du monde sur route 1988 **Tennis** L'Allemande Steffi Graf réalise le Grand Chelem en remportant l'Open d'Australie, .../...

Avec Gérard Holtz aux commandes, « Stade 2 » s'offre un nouveau générique.

> « Au service des sports, j'ai tout connu. Et surtout le meilleur… »
> Gérard Holtz

sports, allant même jusqu'à dévorer les revues de vol à voile ou de plongée. Tous les soirs, je jetais un œil sur toutes les dépêches tombées dans la journée, en société, en politique et en culture, une habitude prise lorsque je présentais le journal télévisé. Je me suis voulu imbattable. Et j'ose croire que je l'ai été… »

Pour donner un nouveau souffle à l'émission, pas question de tout bouleverser. Les téléspectateurs sont attachés au format, à l'ambiance qui règne sur le plateau et aux côtés multisports du programme. Mais les dirigeants d'Antenne 2 veulent tout de même que les choses bougent. Le fameux générique au chronomètre est abandonné au profit d'une musique un peu plus moderne et d'images incrustées de vrais sportifs en action. Dans chaque rubrique, la feuille de route demande de la modernité. « Christian Quidet me disait : "Ce qu'on attend de toi, c'est du dynamisme. Nous voulons que tu fasses passer à l'antenne ta passion pour le sport. Et que tu donnes du rythme à l'émission…", explique Gérard Holtz. J'ai décidé qu'il fallait que l'on mette plus d'images. Je me suis battu pour limiter les plateaux, car je trouvais que les journalistes faisaient un peu trop souvent un show et que cela n'apportait pas toujours quelque chose aux téléspectateurs. »

Des images avant tout

Le lundi matin, lors des débriefings de l'émission de la veille, les esprits s'échauffent parfois un peu lorsque le présentateur reproche à certains d'avoir fait une minute trente secondes en plateau, au lieu des trente secondes prévues sur le conducteur. Les journalistes qui interviennent durant l'émission tiennent à préserver leur temps de parole et ne comprennent pas toujours que la nouvelle formule fasse la part belle aux images. Mais ce n'est pas la seule raison pour laquelle les conférences de rédaction sont parfois un peu animées.

« À la rédaction, précise Gérard Holtz, il y avait de nombreux journalistes qui ne voulaient mettre dans l'émission que des sports olympiques. Je les appelais les "Coubertin". Moi, je suis multisports et je voulais aussi pouvoir parler d'escalade ou de deltaplane. Des jeunes journalistes proposaient des sujets sur ces sports et je voulais les mettre à l'antenne. Car j'aime toutes les disciplines. Et puis le sport doit être en mouvement et de nouvelles disciplines doivent pouvoir exploser. La vie ne doit pas être figée et surtout pas la vie du sport. » Les discussions sont enflammées, mais lorsque la fin de la partie est sifflée et que les décisions sont prises, tout rentre dans l'ordre et l'ambiance au sein de la rédaction est toujours bonne. Il faut dire que l'émission cartonne toujours autant et qu'elle continue à être le programme incontournable de tous les passionnés de sport. Pierre Fulla, Jean Mamère, Lionel Chamoulaud, Bernard Père,

…/… Roland-Garros, Wimbledon et l'US Open – **Formule 1** Le Brésilien Ayrton Senna remporte son 1er titre de champion du monde – **JO (athlétisme)** Ben Johnson remporte le 100 m à Séoul, mais est disqualifié pour dopage – **JO (équitation)** Le Français Pierre Durand obtient la médaille d'or …/…

«Le sport, c'est avant
tout de l'image.
Je peux revoir
dix fois le même but
avec le même plaisir.»
Gérard Holtz

Finale du 100 m masculin aux jeux Olympiques de Séoul en 1988.
Ben Johnson, convaincu de dopage, sera disqualifié.

1130
1102

Olivier Rey, Pierre Salviac, Alain Vernon, Patrick Chêne, Daniel Cazal, Richard Diot, Dominique Le Glou, Jean-Louis Calméjane et toute la bande de « Stade 2 » continuent de rassembler des millions de téléspectateurs tous les dimanches soir. Le sport prend de plus en plus de place dans notre société et de nouvelles stars explosent. Carl Lewis est alors un dieu vivant, même si l'ombre du dopage plane toujours plus sur l'athlétisme, en particulier après le contrôle positif de Ben Johnson lors de la finale du 100 m des JO de Séoul en 1988. En football, c'est la fin des « vrais Bleus » de Michel Platini, mais le retour au premier plan de l'Olympique de Marseille de Bernard Tapie est la promesse de lendemains qui chantent. En rugby, Serge Blanco est toujours le meilleur joueur du monde et Greg LeMond brille sur le Tour de France tandis qu'un jeune Espagnol, Miguel Indurain, commence à venir se mettre dans sa roue. Katarina Witt, la

Laurent Fignon perd le Tour de France pour 8 secondes en 1989.

// PLATOCHE RACCROCHE //

Le 16 mai 1987, le plus grand numéro 10 de l'histoire du football français tire sa révérence. À 32 ans, il pourrait encore faire les beaux jours de la Juve, mais il préfère saluer une dernière fois les tifosi, avant de faire le match de trop. Depuis ses débuts avec l'AS Nancy-Lorraine, « Platoche », l'ami de Thierry Roland et de « Stade 2 », a tout gagné. Ou presque. Triple Ballon d'or (1983-1984-1985), vainqueur des Coupes nationales et des championnats en France et en Italie, il a remporté l'Euro avec les Bleus en 1984 et soulevé la Coupe d'Europe des clubs champions en 1985, une victoire qui lui laissera un goût amer puisqu'elle aura lieu lors du drame du Heysel. Il ne manque qu'un trophée à Michel Platini : la Coupe du monde. Il chutera deux fois en demi-finale contre l'Allemagne, en particulier en 1982, lors du match de Séville qui marquera toute une génération de supporters. Des supporters qui, aujourd'hui encore, disent, les yeux pleins d'étoiles : « J'ai eu la chance de voir jouer Platini... »

.../... en saut d'obstacles avec son cheval Jappeloup 1989 **Formule 1** Alain Prost remporte son 3e titre de champion du monde, au volant d'une McLaren – **Motocross** Jean-Michel Bayle est champion du monde de en 250 cm³ – **Tennis** L'Américain Michael Chang, 17 ans et 3 mois, devient le plus jeune .../...

Dominique Le Glou, Jean-Paul Ollivier, Gérard Holtz, Pierre Fulla et Olivier Rey débriefent l'actualité sportive.

Jean Mamère interviewe Alain Prost suite à ses nombreuses victoires.

« À mes débuts, je ne me suis pas toujours bien entendu avec certains cadres de "Stade 2". Surtout avec ceux qui ne voulaient pas travailler avec des femmes. »
Gérard Holtz

sublime patineuse est-allemande, fait fondre la glace et Franck Piccard remporte l'or en super-G aux Jeux d'hiver de Calgary de 1988, pendant qu'un certain Alberto Tomba devient la grande star du ski mondial. Alain Prost est toujours le roi du volant et sa rivalité avec le fantasque Ayrton Senna fait vibrer tous les amoureux du sport automobile. La starification des sportifs de haut niveau est en marche. Sur le plateau de « Stade 2 », les nouvelles vedettes du sport se montrent sous un nouveau jour, car, à l'époque, c'est la seule émission où ils sont reçus à bras ouverts.

« Parfois, explique Gérard Holtz, nous avions des invités en plateau. Et c'était parfois très drôle, comme ce jour où nous avons fait venir sur le plateau Kareem Abdul-Jabbar, le basketteur des Lakers de Los Angeles. Il mesurait 2,18 m et à l'image, le voir debout à côté de moi qui plafonne à 1,68 m et de Pierre Fulla, qui est encore plus petit, je peux vous garantir que ç'a fait un beau moment de télé ! Dans le même style, on a eu Naim Süleymanoglu, le champion olympique turc d'haltérophilie. Lui, il mesurait 1,47 m, mais il était tellement puissant qu'il nous a soulevés, Pierre Fulla et moi, chacun dans un bras. Quand j'y repense, on s'amusait bien sur le plateau et Pierre Fulla était souvent dans les bons coups *(rires)*... »

Vitesse de croisière... à plein régime

Les audiences sont bonnes, la machine « Stade 2 » tourne à plein régime et les années filent à la vitesse de l'éclair. « J'ai pris du plaisir, un plaisir incroyable, pendant cinq ans, précise Gérard Holtz. Et pourtant, je travaillais comme un fou. Je me préparais comme pour une compétition sportive. Je travaille peu au bureau, mais énormément chez moi. Je lisais tout, je m'imprégnais de toutes les infos, puis je me rendais sur un événement le samedi et j'arrivais le dimanche matin préparé comme un

Florence Arthaud, vainqueur de la Route du Rhum en 1990.

.../... vainqueur du tournoi de Roland-Garros 1990 **Rugby** Le Racing Club de France devient champion de France – **Voile** Titouan Lamazou remporte la 1re édition du Tour du monde sans escale, en 109 jours et 8 h 45 – **Basket** Le CSP Limoges est champion de France pour la 3e fois consécutive –

Gérard Holtz et Patrick Chêne en compagnie de Pedro Delgado, vainqueur du Tour 1988.

Magic Johnson décroche l'or lors des JO de Barcelone en 1992.

sportif de haut niveau. Je ne sortais jamais le samedi soir, je ne buvais pas d'alcool et j'étais au top de ma forme. Bref, j'étais un athlète pour parler des athlètes ! » Et pourtant, un jour d'émission, malgré cette hygiène de vie irréprochable, Gérard Holtz a vécu un véritable calvaire pendant les quelques heures qui ont précédé la prise d'antenne. « Ce jour-là, j'ai bien cru que je ne pourrais pas présenter l'émission. Je pense que j'avais dû manger quelque chose de périmé à la cantine de Cognacq-Jay, que l'on appelait "El Sordido" tellement c'était mauvais, plaisante le journaliste. À partir du milieu de l'après-midi, j'ai commencé à vomir toutes les demi-heures. Je suis allé à la pharmacie de garde pour acheter du Schoum, un genre de liqueur digestive au goût absolument ignoble. Je prenais de longues rasades de ce breuvage infect, mais rien n'y faisait. Et pendant "Stade 2", j'ai été obligé de sortir de plateau, pendant un sujet un peu plus long que les autres, pour aller aux toilettes. C'était terrible, mais personne n'a rien vu ! »

Au fil des mois et des années, l'émission est en perpétuel mouvement pour s'adapter aux demandes des téléspectateurs. Christian Quidet, le patron des sports, veut dynamiser toujours davantage l'émission et décide de mettre du public pour booster le programme. « J'ai alors eu l'idée de faire "Stade 2" dans le hall de l'immeuble d'Antenne 2, situé avenue Montaigne, précise Gérard Holtz. Et on a fait l'émission là, pendant deux ans, avec un public vivant et parfois turbulent qui nous donnait encore davantage de punch. »

Les vestes en tweed et les cravates en laine qui faisaient parfois l'objet de moqueries lors des débuts de « Stade 2 » ont disparu, mais, ce que ne savent pas les téléspectateurs, c'est que, pour Gérard Holtz, la décontraction vestimentaire va encore plus loin. « Dès que le printemps arrive, j'aime être pieds nus dans mes chaussures et surtout porter des bermudas, explique le journaliste. Je suis comme ça, c'est un peu mon style de vie. Du coup, j'ai très souvent présenté "Stade 2" en ber-

Voile Florence Arthaud, « la Petite Fiancée de l'Atlantique », remporte la Route du Rhum 1991 **Athlétisme** Mike Powell réalise 8,95 m au saut en longueur lors des championnats du monde et bat le record de Bob Beamon établi lors des JO de 1968 – **Cyclisme** L'Espagnol Miguel Indurain …/…

muda. À l'écran, ça ne se remarquait pas, car on ne voyait pas mes jambes. En haut, j'avais la chemise et la cravate, et en bas, j'étais en short *(rires)* ! » Cette décontraction affichée par le présentateur ne nuit en rien à l'image de rigueur et de sérieux qui se dégage toujours de « Stade 2 ». Semaine après semaine, le téléspectateur sait qu'il a un rendez-vous avec une équipe qui, si elle arbore toujours le sourire, ne lui fera manquer aucun événement et lui fournira toutes les informations indispensables pour vivre au mieux sa passion.

Moins de bla-bla

Gérard Holtz, lui, s'il prend toujours autant de plaisir à mettre en avant ces sportifs qu'il admire tant, commence à sentir un peu le temps qui passe. « Pendant cinq ans, c'était

Pierre Durand et Jappeloup de Luze, champions olympiques en saut d'obstacles en 1988.

// LES NOUVEAUX MOUSQUETAIRES ! //

Le Saladier d'argent de la Coupe Davis n'est pas revenu en France depuis 1932, année de la dernière victoire des fameux Mousquetaires formés par Henri Lacoste, Henri Cochet, Jean Borotra et Jacques Brugnon, lorsque l'équipe de France de tennis entre dans le Palais des Sports de Gerland, à Lyon, le 29 novembre 1991. Une équipe formée seulement de deux hommes, Guy Forget et Henri Leconte, qui vont affronter en finale la prestigieuse équipe des États-Unis emmenée par Andre Agassi et Pete Sampras. On ne donne pas cher de la peau des Tricolores entraînés par Yannick Noah, mais, lors de ce week-end inoubliable, ils vont pourtant écrire l'une des plus belles pages du sport français. Tout débute pourtant par la défaite de Forget, largement dominé par Agassi. Heureusement, Leconte égalise en battant Sampras. Et quand les deux Français battent en quatre sets la paire américaine Flach-Seguso, le public lyonnais s'enflamme. « Riton » est en feu, Yannick Noah est survolté dans le coin tricolore. Le quatrième match que dispute Guy Forget peut donc être décisif. Mais en face, il s'agit du jeune Pete Sampras qui compte bien faire oublier sa défaite face à Leconte. Porté par le public, c'est finalement le Français qui va sortir vainqueur de ce combat d'anthologie. Le visage de Leconte est ravagé par les larmes, le public a des frissons, le Saladier est de retour en France. Une France heureuse qui, comme ses nouveaux Mousquetaires, reprend en cœur *Saga Africa*, le tube de Yannick Noah...

Les consultants

FABIEN GALTHIÉ

Ancien international français, il a été élu meilleur joueur du monde en 2002. En 2003, il est champion de France avec le Stade Français. Aujourd'hui entraîneur, il a, à son actif, 64 sélections en équipe de France dont 24 en tant que capitaine. Finaliste en 1999, il a disputé 4 Coupes du monde.

Que représentait « Stade 2 » lorsque vous étiez téléspectateur ?

Avec mon petit frère, lorsque nous étions enfants, le dimanche, il y avait un rituel : on prenait le bain, on mettait le pyjama et, avec mes parents, on regardait « Stade 2 ». On avait très peu le droit d'être devant la télé et quand je dis « on regardait », c'est plutôt, on buvait religieusement l'émission.

Je n'aimais pas le dimanche. Le samedi, c'étaient les jeux, les copains, le rugby. Le dimanche, c'était triste, il fallait faire les devoirs, le seul bon moment, c'était « Stade 2 ». J'adorais les buts étrangers avec un jingle rigolo pour lancer la séquence, on voyait des images qui venaient de loin. J'attendais de savoir aussi si Pierre Salviac et Daniel Cazal allaient donner le résultat du match de rugby entre Salviac et Cazals, deux villages dans le Lot, alors que j'habitais juste entre ces deux communes...

Et comme acteur sur le terrain ?

Quand j'ai commencé à jouer avec Colomiers, on se retrouvait avec nos adversaires au bar après le match, c'était souvent le siège, on dirait maintenant le club-house. Ça parlait fort, on refaisait le match autour d'une bière et quand « Stade 2 » commençait, le patron montait le son de la télé et tout le monde se taisait, surtout quand arrivaient les résultats de rugby. Il y avait un nombre incroyable de panneaux et de poules, le gars du bistrot notait ça sur un panneau et refaisait le classement de notre poule grâce à « Stade 2 » et l'affichait à côté du téléviseur. À l'époque, c'était notre seul moyen de connaître tous les résultats. On avait l'impression que la bande de potes qui rigolaient ensemble autour de la table de « Stade 2 » étaient aussi nos potes, qu'ils étaient avec nous dans le bar.

Et en tant que consultant ?

Tout d'abord, j'ai ressenti une grande fierté lorsque j'ai été sollicité. Ensuite, je me suis senti sous pression, car c'est un peu difficile d'être sur le plateau. Il faut trouver sa place, pouvoir s'exprimer en sachant faire court, en étant percutant. C'est un exercice de haute voltige qui demande beaucoup d'attention. Je ne cache pas que j'aimerais, dans l'absolu, avoir plus de temps pour m'exprimer, mais c'est à moi de m'adapter.

Furiani cause la mort de 17 personnes, avant une rencontre Bastia-OM – **JO (basket)** L'équipe des États-Unis, surnommée « la *Dream Team* », remporte la médaille d'or à Barcelone – **JO (athlétisme)** Marie-José Pérec remporte la médaille d'or sur 400 m – **JO (ski)** Anne Briand, .../...

vraiment formidable, explique-t-il. Mais à partir de 1990, j'ai eu envie de voir toujours plus d'images dans "Stade 2". J'avais toujours en tête mon expression "mini-max" qui voulait dire : "minimum de bla-bla, maximum d'images". Je demandais à tous les journalistes de mon équipe de faire l'effort de ne pas monopoliser l'antenne pour passer le plus d'images. Certains l'acceptaient, le comprenaient et étaient même d'accord avec moi, mais d'autres pensaient que leur temps d'antenne à "Stade 2" leur permettait d'exister professionnellement et, du coup, les plateaux étaient toujours aussi longs. Tous les lundis, je m'accrochais de plus en plus avec eux, lors la conférence de rédaction, sur ce sujet et ça devenait un peu pesant. Alors, en 1992, comme j'avais moins de plaisir, j'étais heureux que Christian Quidet me nomme aux Grands Événements. Je savais de toutes les façons que j'allais arrêter de présenter "Stade 2" un jour, car ce siège ne m'appartenait pas et n'appartiendra jamais à personne. Car "Stade 2" sera toujours plus fort que son présentateur, et c'est pour cette raison que cette émission dure depuis quarante ans et qu'elle existera encore très longtemps ! »

En cette année 1992, Gérard Holtz n'est plus le présentateur de « Stade 2 », mais le siège va être occupé par un homme qui a été choisi par Robert Chapatte lui-même, il y a de nombreuses années. Un héritier, en quelque sorte...

La flamme olympique des JO d'Albertville en 1992.

« Gérard Holtz a toujours eu une aisance incroyable à l'antenne qui m'impressionne encore. »

Patrick Chêne

En 1992, Edgar Grospiron, médaille d'or française de ski acrobatique.

.../... Véronique Claudel, Corinne Niogret (biathlon), Fabrice Guy (combiné nordique) et Edgar Grospiron (ski acrobatique) remportent une médaille d'or à Albertville. Carole Merle (super-G) et Franck Piccard (descente) obtiennent une médaille d'argent

Entretien

BERNARD HINAULT
LE TOUR DANS LA PEAU

Figure emblématique du cyclisme français, il a remporté le Tour de France à 5 reprises, 3 fois le Tour d'Italie, 2 Tours d'Espagne, et est sacré champion du monde sur route en 1980. Il est également le vainqueur de 9 classiques dont Paris-Roubaix en 1981.

Bernard, votre carrière commence quasiment en même temps que « Stade 2 ». Quel regard portiez-vous sur cette émission ?
C'est l'Émission de sport, la vraie. Les résultats, tous les résultats. La référence.

Est-ce que le fait que Robert Chapatte soit un ancien coureur vous a rapproché de « Stade 2 » ?
Pas vraiment. D'ailleurs, un jour, on a eu une discussion d'homme à homme. À l'issue d'un Paris-Roubaix, j'étais invité sur la ligne d'arrivée à participer à l'émission. J'étais couvert de boue et de poussière et donc je file dans les vestiaires pour prendre une douche et me changer. Je ne me souviens plus exactement des circonstances, mais j'attendais que des membres de mon équipe m'apportent des vêtements, mais ils les ont oubliés. Je comprends alors que je ne peux pas me rendre à « Stade 2 », et je ne peux prévenir personne. Par la suite, j'apprends que, sur le plateau, Robert Chapatte et son équipe se sont livrés à un petit jeu de « questions-réponses » à Bernard Hinault sans que je sois là. Ça se voulait drôle, mais je n'ai pas trouvé que ça l'était. J'ai donc décidé de régler mes comptes au Tour de France suivant : toute l'équipe d'Antenne 2 était black-listée. Pendant la première semaine, je n'ai pas dit un mot à aucun des journalistes de la chaîne. Je suis finalement allé voir Robert Chapatte et je lui ai dit les yeux dans les yeux : « T'as compris ? » Il m'a dit : « Oui, c'est bon. » Après, il n'y a plus eu d'histoire.

Vous ne répondiez même pas à Jean-Paul Ollivier ?
Même pas, même si c'est un Breton. Même si c'est la personne qui connaît le mieux le cyclisme.

Est-ce que vous considérez avoir été l'un des pionniers du sport français moderne ?
Je fais partie d'une génération qui a commencé à gagner, mais l'idée ce n'était pas d'être un pionnier, mais de donner envie aux jeunes d'avoir une belle image.

On entend souvent le mot de référence pour qualifier « Stade 2 »...
Oui, c'est la référence multisports à la télé et ça, c'est essentiel. J'ai toujours aimé le fait qu'il n'y ait pas que les grands sports qui soient mis en avant. C'est même à mon avis le rôle de cette émission.

Est-ce que lorsque vous êtes invité à y participer vous venez de bon cœur ?
Oui, j'y vais avec plaisir. C'est normal pour moi de répondre présent. D'ailleurs, je trouve que, d'une façon générale, dans notre pays, on devrait plus écouter les anciens qui, comme moi, ont envie de faire profiter de leurs expériences.

Si vous deviez retenir quelque chose de cette émission ?
Plus qu'une personnalité, c'est un groupe de journalistes compétents. Et puis je me souviens encore de certains génériques, j'ai l'impression qu'avant ils nous accompagnaient plus longtemps que maintenant. Ils faisaient partie de notre existence, on y était habitués.

« J'ai toujours aimé le fait qu'il n'y ait pas que les grands sports qui soient mis en avant. C'est même à mon avis le rôle de cette émission. »

1992

1995

« Même dans mes rêves les plus fous, je ne pouvais pas imaginer que j'allais un jour m'asseoir dans le fauteuil de Chapatte. »

Patrick Chêne

LES ANNÉES PATRICK CHÊNE

Formé à l'école Chapatte, amoureux du vélo et de tous les sports, Patrick Chêne est le fils spirituel du fondateur de « Stade 2 ». Mais quand il prend la tête de l'émission en 1992, il vient avec son propre style mêlant rigueur et décontraction. À « Stade 2 », le changement se fait dans la continuité…

L'arrivée de Patrick Chêne à la tête de « Stade 2 » ne surprend personne, ni chez les téléspectateurs ni à l'intérieur de la rédaction de la chaîne publique. Il faut dire que le Lyonnais connaît parfaitement la maison et l'émission puisqu'il y travaille depuis maintenant plus de sept ans. En 1989 et 1990, il a même commenté le Tour de France pendant tout le mois de juillet avec Robert Chapatte, l'homme qui l'a choisi et adoubé comme son véritable successeur. Mais si cette nomination à la tête de « Stade 2 » n'est pas non plus une surprise énorme pour Patrick Chêne qui sentait que son heure était venue, elle reste tout de même un des moments les plus forts de sa vie professionnelle, tant cet homme est tombé dans la marmite du sport quand il était tout petit.

Place aux régions

« Bien entendu, lorsque j'étais un tout jeune homme, je ne ratais aucun "Stade 2", car je m'intéressais énormément au sport, explique Patrick Chêne. "Stade 2", c'était le rendez-vous incontournable du dimanche. On attendait tous l'émission fébrilement, avec une réelle excitation pour découvrir des images, mais avant tout les résultats. Cela peut paraître incroyable aujourd'hui, mais nous n'avions pas d'autres moyens à l'époque d'avoir tous les résultats sportifs. Il n'y avait aucun quotidien sportif qui sortait le dimanche, peu ou pas d'émission à la radio. Je me souviens, par exemple, que l'on attendait le dimanche pour voir les premières images du Tournoi des V Nations, si par malheur on avait manqué le match en direct le samedi. Ils n'en passaient que vingt secondes au Journal de 13 heures et pour voir les essais, il fallait attendre "Stade 2". Mais c'était vrai aussi pour tous les autres résultats, en particulier pour des gens qui, comme moi, vivaient en province. Ce sera d'ailleurs mon cheval

1992 **Cyclisme** Gilbert Duclos-Lassalle remporte la classique Paris-Roubaix, une course qu'il gagnera aussi l'année suivante – **Automobile** Peugeot remporte les 24 Heures du Mans …/…

Gérard Holtz, Patrick Chêne et Daniel Cazal.

de bataille quand je serai le présentateur de "Stade 2" ou le patron des sports de France Télévisions : penser aux gens qui sont dans les régions, car ils étaient encore plus mal lotis que les Parisiens. »

Mais pour le jeune Patrick Chêne, « Stade 2 » est bien plus qu'un simple pourvoyeur de résultats. « Pour les téléspectateurs de l'époque, "Stade 2" était aussi un rendez-vous à ne pas rater avec des gens au charisme incroyable comme Robert Chapatte, Thierry Roland ou Roger Couderc, poursuit le journaliste. Pour moi, comme pour des millions de Français, ils étaient "mes potes" avant même que je ne les connaisse. Avec eux, il y avait aussi les Bernard Père, Richard Diot, Daniel Cazal et quelques autres qui étaient des garçons avec qui l'on prenait rendez-vous tous les week-ends. Mais le triptyque Chapatte-Couderc-Roland était juste monumental. Au début des années 1980, je ne pouvais pas imaginer vivre le conte de fées que j'ai eu la chance de vivre ensuite. J'étais jeune journaliste, j'aimais le sport, mais jamais je ne pouvais imaginer qu'un jour je serais autour de la table, et encore moins qu'un dimanche soir j'aurais la chance de m'asseoir dans le fauteuil de Robert Chapatte pour présenter cette émission. Objectivement, quand j'y repense aujourd'hui, ce n'était même pas la peine de l'imaginer. Rendez-vous compte : j'ai débuté comme pigiste au *Progrès* de Lyon, tout en faisant mes études de droit, j'étais vraiment loin, très loin de "Stade 2" ! »

Naissance d'un héritier

Au début des années 1980, Patrick Chêne décide de monter à Paris pour intégrer le journal *L'Équipe*. Homme d'écrit, il est loin d'imaginer à l'époque que l'essentiel de sa carrière se fera dans un petit écran. Plume alerte de la rubrique Cyclisme dans le quotidien sportif,

En 1993, Alain Prost à nouveau champion du monde de F1.

…/… avec l'équipage Dalmas-Warwick-Blundell – **Football** L'équipe du Danemark remporte le championnat d'Europe, la France est éliminée au 1er tour 1993 **Basket** Le CSP Limoges remporte la Coupe d'Europe – **Basket** La star de la NBA Michael Jordan annonce sa retraite. …/…

« "Stade 2", c'est de la passion, de la joie, des peines, aussi, parfois. "Stade 2", c'est la vie ! »

Patrick Chêne

En 1993, l'équipe de Bulgarie prive les Bleus de Coupe du monde.

il vit déjà un rêve éveillé. « Je mesure chaque jour la chance que j'ai eue, explique-t-il. C'est juste magique et je peux presque raconter minute par minute toute cette aventure tellement elle a été incroyable. Je suis à *L'Équipe*, je suis dans l'écrit et j'adore ça. Vraiment, je suis très heureux de suivre les grandes compétitions et de rédiger des papiers sur ce sport que j'adore et qui me fait vibrer. Et puis, parfois, au détour des conversations d'après-course, j'entends certains me dire que Chapatte s'intéresse à moi. Et là, je pense : "Ils disent ça pour se foutre de moi", car je n'y crois pas une seconde ! Avec Robert, on se croise parfois sur le Tour, mais je suis très réservé avec lui. C'est Monsieur Chapatte, quand même ! J'ai déjà une admiration sans bornes pour lui, car il représente tout ce que j'aime à la télé. Il est populaire, mais jamais populiste. Il utilise un langage choisi, sans jamais faire une seule faute de français, et en laissant de côté toutes les formules faciles. À l'antenne, il utilise des expressions à la Audiard comme "menteur comme un soutien-gorge", des imparfaits du subjonctif, il joue avec les mots et tient le téléspectateur en haleine. Bref, pour moi, c'est un monstre sacré ! »

Au sein du quotidien sportif, Patrick Chêne creuse son sillon. Ses papiers sont remarqués, mais il n'imagine pas une seule seconde s'aventurer à faire autre chose tant il est heureux de suivre les plus grandes compétitions aux quatre coins du monde. Bien sûr, il entend toujours certains lui répéter que Robert Chapatte a un œil sur lui, mais il ne veut pas se laisser griser. « Philippe Brunel de *L'Équipe* et Bernard Père de "Stade 2" me charriaient souvent en me disant : "Dis donc, tu as la cote avec Chapatte, toi !" » poursuit le journaliste. Il n'y croit pas, mais pourtant, fin 1984, le grand patron de « Stade 2 » finit par lui téléphoner et le fait venir dans son bureau pour lui proposer d'intégrer son équipe. « J'étais flatté, mais je lui ai tout de suite dit que je ne connaissais rien à la télé, à la technique, à la façon dont tout cela fonctionnait. Et là, il m'a répondu cette phrase sublime que j'ai gardée toute ma vie : "Tout ça n'est pas si important, il n'y a qu'un secret pour passer à la télé : il faut aimer les gens. Et je sens que vous, vous aimez les gens." Voilà, mon entrée à "Stade 2" s'est passée sur cette phrase ! »

Pourtant, l'aventure de Patrick Chêne au petit écran a failli faire long feu. À l'époque, la télévision n'offre pas de contrats mirobolants et Antenne 2 lui propose même un salaire inférieur à celui qu'il touche à *L'Équipe*. Le journaliste, qui attend son deuxième enfant, ne peut pas se permettre de voir ses revenus revus à la baisse. Il demande donc simplement à obtenir le même salaire qu'au sein du quotidien, mais les négociations bloquent et Patrick Chêne, la mort dans l'âme, voit son rêve s'envoler. Heureusement, un mois

…/… Il reviendra quelques mois plus tard sur les parquets – **Tennis de table** Jean-Philippe Gatien devient champion du monde à Göteborg – **Football** L'OM devient le 1er, et toujours le seul club français, à remporter la Ligue des champions, grâce à un but de la …/…

Richard Dacoury et le trophée de champion d'Europe remporté par le CSP Limoges en 1993.

« Quand j'ai réalisé mon premier "Stade 2", c'était comme avoir sa première sélection en équipe nationale ! »
Jean-Marc L'Hénoret

plus tard, Albert du Roy, le directeur de la rédaction d'Antenne 2, le rappelle finalement pour s'aligner sur le salaire de *L'Équipe*. Il vient donc signer son contrat, fou de joie, et là encore, le destin lui est favorable. « Le lendemain matin, un nouveau président a été nommé et toutes les signatures des contrats en cours ont été gelées. À vingt-quatre heures près, je ne rentrais jamais à "Stade 2" ! »

Du conte de fées à la réalité

Patrick Chêne pénètre dans le saint des saints en février 1985. Homme de plume, il pense avoir été recruté pour écrire des commentaires et réaliser quelques reportages. « Je me suis dit que si tout allait bien, dans un an, j'aurais peut-être la chance de faire une petite apparition dans "Stade 2" », précise-t-il. C'était déjà pour moi le rêve absolu. Mais tout est allé plus vite. Quelques

…/… tête de Basile Boli – **Football** En juin, l'affaire OM-VA éclate. Des dirigeants marseillais sont accusés d'avoir versé de l'argent à des joueurs de Valenciennes pour arranger une rencontre. L'OM, champion de France sur le terrain, se verra retirer ce titre par la …/…

// MARIE-JOSÉ PÉREC, REINE DES JEUX //

Porte-drapeau de la délégation française, la sprinteuse des Antilles est la grande star des Jeux d'Atlanta. Sur le 400 m, elle laisse sur place toutes ses adversaires et remporte l'or en 48"25, le record olympique. Lors du 200 m, tout ne se passe pas comme prévu et l'athlète guadeloupéenne fait même un malaise en raison d'une hypoglycémie, après la demi-finale. Son départ en finale n'est pas fulgurant et, à l'entrée de la dernière ligne droite, elle semble battue. Mais « la Gazelle des Antilles » déploie sa foulée incroyable et finit par battre Merlene Ottey et Mary Onyali, ses deux grandes rivales sur la distance. Sur la piste, Marie-José Pérec avait la grâce, le talent et l'insouciance. Elle était gracile, légère, aérienne quand ses adversaires avaient des cuisses surpuissantes et gonflées. Pour gagner, elle n'avait pas besoin d'anabolisants. Car Marie-Jo « était » l'athlétisme...

semaines seulement après mon arrivée, lors d'une conférence de rédaction, Chapatte m'a demandé si je connaissais le basket, car il y avait Villeurbanne qui jouait en Coupe d'Europe. Un coup de chance énorme pour un Lyonnais comme moi ! Là-bas, je connaissais tout le monde, les joueurs, l'entraîneur. Donc, je suis parti faire mon sujet, fou de joie, car j'allais réaliser mon premier reportage et mon nom allait être cité par Chapatte à l'antenne ! » Patrick Chêne part le samedi, fait les interviews et, le dimanche matin, il arrive très tôt au siège d'Antenne 2 pour monter son sujet. « J'étais en train de visionner les images lorsque le chef d'édition m'a dit : "Bon, Patrick, tu passes en quatrième sujet, tu seras en plateau à 19 h 12." Là, c'était la panique. Je me souviens de chaque seconde de cette journée magique. Pour tenir le coup, je suis allé tout seul manger un gros steak tartare à 15 heures, car j'avais vraiment peur de tomber en hypoglycémie à l'antenne. J'étais liquéfié. Vraiment. S'asseoir à la table de "Stade 2" en 1985, alors qu'on avait quinze jours de télé, je peux vous dire que c'était quelque chose... Quand je revois les images sur l'INA, je me trouve vraiment très mauvais, je suis tendu comme jamais à l'antenne, crispé, mais quel souvenir inoubliable ! »

Patrick Chêne réussit son examen de passage et fait désormais partie de la grande famille de « Stade 2 ». Il fait de plus en plus de plateaux et participe, avec Gérard Holtz et Alain Vernon, à la création du "Journal du Tour", un programme qui révolutionne l'écriture journalistique de la couverture du cyclisme. Quand Daniel Cazal n'est pas là pour présenter « Samedi Sport », c'est lui qui le remplace. Il commente le basket avec Bernard Père, part sur tous les événements. « Et puis, presque naturellement, d'une

Dominique Le Glou et Marie-José Pérec aux championnats du monde de Stuttgart en 1993.

.../... Fédération française – **Cyclisme** L'Américain Lance Armstrong remporte le championnat du monde sur route – **Football** Après la défaite contre la Bulgarie qui prive les Bleus de la Coupe du monde aux États-Unis, Aimé Jacquet est nommé sélectionneur de l'équipe de France 1993 –

«Notre équipe était formidable, tout le monde se battait pour faire de "Stade 2" une émission à part.»

Jean-Marc L'Hénoret

Gilbert Duclos-Lassalle remporte le Paris-Roubaix 1993.

1993, Jean-Philippe Gatien est champion du monde de tennis de table.

manière très linéaire, je finis par faire tous les "Samedi Sport", poursuit le journaliste. Lorsque qu'un soir de 1991, Gérard Holtz est pris par je ne sais quoi, je deviens son joker pour "Stade 2".» Un an plus tard, Patrick Chêne devient le présentateur numéro 1 de «Stade 2», comme une évidence. «Tout cela est arrivé, d'une manière naturelle, précise le journaliste. À cette époque, France 2 et France 3 se sont rapprochées. Jean Réveillon est devenu directeur des sports du groupe et il m'a demandé d'être patron des sports de France 2 et de prendre aussi "Stade 2".» Et là, c'était génial. Les jeunes journalistes que j'avais connus à mon arrivée avaient grandi et nous formions une bande formidable. Mon noyau dur, ma «*Dream Team*», était formé par Jean Mamère, Lionel Chamoulaud, Dominique Le Glou, Alain Vernon et Olivier Rey. Avec ceux-là, je suis toujours resté très proche, on vivait la même passion, le même rêve, c'était juste parfait. De 1992 à 1995, c'est le nirvana, vraiment!»

Quand il en parle, plus de vingt ans après, les yeux de Patrick Chêne brillent encore, toujours émerveillé d'avoir écrit une partie de l'histoire de «Stade 2». Son regard se projette dans le passé, il revit ces heures formidables et parle alors d'un gros coup réalisé en 1994, qui reste l'un de ses meilleurs souvenirs professionnels. La ville des jeux Olympiques de l'an 2000 doit être désignée. Il ne reste que quatre villes en finale et le Comité international olympique doit désigner l'heureuse gagnante un vendredi. Patrick Chêne décide de présenter le «Stade 2» du dimanche suivant dans la ville qui accueillera les Jeux. Très vite, la rédaction décide d'éliminer deux villes qui avaient peu de chance de gagner et ne conserve que Pékin et Sydney. Richard Diot est envoyé à Sydney et Dominique Le Glou à Pékin, pour préparer les sujets et les plateaux. Patrick Chêne part à Singapour, avec Lionel Chamoulaud et Jean-Marc L'Hénoret, le réalisateur de l'émission, avec, en poche, un billet pour Pékin et un autre pour Sydney. «Nous étions tous les trois devant la télé dans notre hôtel et quand le nom de Sydney est tombé, nous sommes partis là-bas. Et le dimanche, nous étions avec l'équipe d'Australie de rugby, des athlètes de nombreuses autres disciplines, et nous avons fait une super-émission en direct de l'autre bout du monde. C'était absolument génial!» Pour Jean-Marc L'Hénoret, ce souvenir reste aussi mémorable. «La chaîne était derrière nous, explique le réalisateur, et nous pouvions oser ce genre de coup qui, à l'époque, n'était vraiment pas simple à monter. Notre équipe était formidable, tout le monde se battait pour faire de "Stade 2" une émission à part. Nous étions tous dans le même bateau et nous vivions des aventures humaines formidables...»

Voile Bruno Peyron remporte le 1er Trophée Jules Verne en accomplissant le tour du monde en 79 jours, 6 heures, 15 minutes et 56 secondes 1994 **Formule 1** Décès des pilotes Ayrton Senna et Roland Ratzenberger lors du Grand Prix de Saint-Marin – **Course automobile** Le pilote

En 1993, Marseille est la 1re équipe française vainqueur de la Ligue des champions.

Début du sport-business

Pendant trois ans, Patrick Chêne prend un plaisir sans cesse renouvelé, dans un contexte bien différent de celui d'aujourd'hui. « C'était la période bénie où tout ou presque était possible, précise le journaliste. Nous pouvions recevoir sans trop de difficultés des athlètes comme Michael Jordan, la grande star de la NBA et de la *« Dream Team »* américaine de basket. Tous les champions avaient envie de venir dans "Stade 2", car nous étions le passage obligé pour ceux qui comptaient. » Et pourtant, tout n'est pas rose dans le monde du sport entre 1992 et 1995. L'affaire OM-VA éclate et Alain Vernon sortira dans l'émission de nombreuses informations sur les dérives des dirigeants marseillais de l'époque. Les rumeurs de dopage se font de plus en plus pressantes dans le milieu du cyclisme ou de l'athlétisme et l'argent qui commence à couler sur les épaules des sportifs des disciplines

Patrick Chêne, accompagné de Didier Roustan, Pierre Salviac et Thierry Blancot.

français Didier Auriol remporte le championnat du monde des Rallyes – **Patinage artistique** La patineuse française Surya Bonaly remporte à 20 ans son 4e titre européen consécutif – **Voile** Laurent Bourgnon gagne la Route du Rhum – **JO (patinage artistique)** …/…

majeures fait naître la créature du sport-business. Mais les exploits d'Éric Cantona en Angleterre, ceux de Richard Virenque et de Laurent Jalabert sur le Tour de France permettent encore de faire vivre des moments forts à tous les passionnés de sport. Avec les grandes stars de l'époque, Patrick Chêne noue des contacts qu'il conserve encore aujourd'hui. « Présentateur de "Stade 2" est un statut particulier, explique le journaliste. Quand vous êtes rubricard, vous pouvez avoir des frictions avec les sportifs. Avec les cyclistes, par exemple, c'était moins simple, car certains pouvaient se fâcher contre moi, car ils trouvaient que je les avais critiqués pendant que je commentais le Tour. Mais quand on est présentateur de "Stade 2", on peut tisser des liens avec les champions, car on ne les voit que dans les moments de victoire. Et dans ces moments, c'est forcément plus simple de se trouver des atomes crochus. » Patrick Chêne ne garde donc que de bons souvenirs de cette période « Stade 2 ». Et quand on lui demande s'il a en tête des moments moins flamboyants, son œil s'allume soudainement. « En fait, le seul petit truc nul que je regrette était le code vestimentaire, plaisante-t-il. Quand je revois ces chemises orange ou jaunes, j'ai un peu honte. On avait pris une styliste qui nous avait emmenés vers ces couleurs pastel dont le goût était, avec le recul, plus que discutable ! Mais, franchement, ces trois ans ont été formidables. On avait de très grands pro-

« Nous étions une bande, une famille, une vraie "*Dream Team*". Nous avions la chance de vivre notre passion au quotidien. »
Patrick Chêne

Patrick Chêne et ses deux spécialistes du foot Didier Roustan et Olivier Rey.

…/… Philippe Candeloro décroche le bronze à Lillehammer sur le thème du *Parrain* – **JO (biathlon)** En équipe, les Françaises remportent le bronze en relais 4x7,5 km – **Football** Éric Cantona réalise le doublé en remportant le championnat d'Angleterre et la Cup, sous les couleurs …/…

Luc Leblanc devient champion du monde sur route en 1994.

fessionnels qui marquaient de leur empreinte "Stade 2". Didier Roustan sur le foot, Pierre Salviac sur le rugby ou Patrick Montel sur l'athlétisme faisaient de très grands numéros. Et puis il y avait mes potes Jean Mamère, Dominique Le Glou et Lionel Chamoulaud. On jouait au foot ensemble le lundi soir, on était une famille. Une vraie famille de cœur... » Le 25 août 1995, cette famille est terrassée par la mort brutale de Jean Mamère, d'un cancer foudroyant. « Pour moi, cette date marque la fin d'une période bénie, d'une période d'insouciance », explique avec gravité Patrick Chêne. Et c'est aussi la fin d'une époque, car c'est à ce moment-là que j'ai quitté le service des sports pour aller sur le 13 Heures, que j'ai présenté pour la première fois six jours après la mort de mon ami Jean. Professionnellement, c'était un moment très fort, mais ma peine était immense. On m'avait déjà proposé de faire le 20 Heures en 1994, après l'histoire des gants de boxe de Paul Amar[1]. J'ai failli accepter, mais j'ai préféré continuer une année de plus à "Stade 2", car je ne voulais pas encore quitter ma famille. Mais l'été suivant, j'ai accepté et c'était sans doute le mieux pour moi, car la mort de Jean m'a profondément marqué. C'était plus que mon pote, Jean, et quitter "Stade 2" m'a aidé à tourner la page... »

1. Le présentateur avait été écarté à la suite d'une interview croisée de Bernard Tapie et de Jean-Marie Le Pen durant laquelle il avait sorti des gants de boxe, dans un effet de manche qui avait été très mal reçu.

6 février 1993 : disparition d'Arthur Ashe.

.../... de Manchester United. Cette année-là, il est élu meilleur joueur de Premier League par les joueurs évoluant dans ce championnat – **Football** Le Brésil gagne la Coupe du monde organisée aux États-Unis en battant l'Italie aux tirs au but – **Formule 1** Michael Schumacher .../...

// AYRTON SENNA, LA MORT EN COURSE //

Ténébreux, racé, le pilote brésilien avait la fougue et le goût du risque propres aux pilotes qui ont fait l'histoire de la Formule 1. Au total, il gagnera 41 Grands Prix et sera sacré trois fois champion du monde, en 1988, 1990 et 1991. Sa rivalité avec Alain Prost, son coéquipier chez McLaren, est alors à son apogée. Les deux hommes se disputent toutes les victoires et ne laissent aucune miette à leurs adversaires. Ils finiront par s'accrocher dans une chicane, lors du Grand Prix du Japon en 1989. Senna sera disqualifié, Prost remportera le championnat du monde et la discorde entre les deux pilotes s'affichera au grand jour. Pourtant, le 1er mai 1994, alors que le Français a arrêté sa carrière, les deux hommes se réconcilient en direct à la télévision. *« Alain, my dear friend »*, déclare le Brésilien dans sa monoplace avant le départ. La mort plane déjà sur le circuit d'Imola puisque le pilote autrichien Roland Ratzenberger s'est tué la veille, lors des essais. Ayrton Senna s'élance en pole position. Au septième tour, talonné par le jeune Michael Schumacher, il perd le contrôle de sa Williams et s'encastre dans un mur de béton dans la courbe de Tamburello, à plus de 210 km/h. Sous le choc, un morceau de la suspension est venu fracasser le casque du pilote brésilien dont la mort est annoncée officiellement à 18 h 30. Ayrton est mort comme il avait voulu toujours vivre : à pleine vitesse…

Patrick Chêne et Lionel Chamoulaud.

Une nouvelle génération

Après plusieurs années de succès à la tête du Journal, en 1998, Patrick Chêne est revenu à ses premières amours en devenant le patron des sports de France Télévisions. Et il a retrouvé « Stade 2 », mais de l'autre côté, en régie, cette fois. « Pierre Sled faisait très bien son boulot à la présentation de "Stade 2" et il n'était pas question que je le remplace », explique le journaliste. L'ancien de Canal ne fait pas partie des historiques et c'est le premier à présenter l'émission sans avoir fait partie auparavant de l'équipe du service des sports, mais il a, selon Patrick Chêne, toute sa place dans l'émission. « En fait, à mon avis, il y a deux époques pour résumer "Stade 2" : de 1975 à 2000, puis de 2000 à aujourd'hui. De 1975 à 2000, il y a les trois historiques, Robert Chapatte, Gérard Holtz et moi. Puis Pierre Sled qui a su s'inscrire dans la continuité. Et ensuite il y a une seconde géné-

…/… remporte son 1er titre de champion du monde au volant d'une Benetton-Ford – **Cyclisme** Luc Leblanc devient champion du monde sur route
1995 **Cyclisme** L'Espagnol Miguel Indurain remporte son 5e Tour de France consécutif – **Football** Dernière sélection en équipe de France pour …/…

Arrivée de Laurent Bourgnon, grand vainqueur de la Route du Rhum 1994.

Dominique Le Glou soutient Pékin pour l'organisation des JO de 2000.

ration de présentateurs avec une équipe "Stade 2" qui s'est élargie. Ce n'est pas moins bien qu'à mon époque, c'est autre chose. Il y a moins de piliers, la bande a évolué et heureusement, car cela aurait fini par faire vieillot. C'est la force de "Stade 2" de pouvoir grandir et changer. Aujourd'hui, imaginez Patrick Chêne, Lionel Chamoulaud, Alain Vernon et Patrick Montel, ensemble sur le même plateau. C'est le "Muppet Show", non ? *(rires)*… En plus, on a tous changé, on a évolué, le temps passe. Un homme marche avec une époque et quand le monde évolue, il faut trouver des hommes ou des femmes qui lui correspondent. Robert Chapatte, c'était le patriarche indiscutable. Gérard Holtz, lui, a assumé une rupture. Mais il avait tellement de talent que ça passait. Moi, j'étais la synthèse des deux. Les puristes ont dit : "Le fils de Chapatte revient." Et comme j'ai été aussi formé par Gérard Holtz, que j'ai beaucoup appris de lui, tout ne pouvait que bien se passer. C'est pour toutes ces choses que, pour moi, "Stade 2" ne pouvait être qu'une jolie histoire. Je me souviens de chaque moment, même si cela fait vingt ans que j'ai arrêté.

…/… Jean-Pierre Papin et Éric Cantona lors du match Pays-Bas - France. En septembre cette année-là, on assistait à la pose de la 1re pierre du Stade de France par le Premier ministre, Alain Juppé – **Football** Victoire de l'équipe de France sur l'Azerbaïdjan 10-0 …/…

En 1994, Michael Schumacher décroche pour la 1re fois de sa carrière le titre de champion du monde.

« La force
de "Stade 2",
c'est qu'il grandit
sans cesse. »

Patrick Chêne

Les consultants

CAROLE MONTILLET

Skieuse alpine française, championne de France de descente à 3 reprises et de super-G 5 fois dans les années 1990, elle est également pilote de rallye-raid depuis son retrait des pistes. Elle est surtout championne olympique de descente en 2002, mais également vainqueur de la Coupe du monde de super-G en 2003.

Que représentait « Stade 2 » lorsque vous étiez téléspectatrice ?

Le générique, Gérard Holtz ! Hop, toute la famille se retrouve devant la télé pour ce moment convivial. D'ailleurs, c'est amusant, cela me fait penser qu'avec Juliette, ma fille, je fais exactement la même chose, on regarde ensemble. Ça lui plaît parce que je l'ai emmenée aux « Étoiles du sport » où les plus grands champions se retrouvent à La Plagne et elle les reconnaît à la télé, ça l'amuse. Je trouve que c'est une vraie culture pour les jeunes. Et ce n'est pas parce que je vis à la montagne que je regarde uniquement le ski, je regarde toutes les disciplines.

Et comme actrice sur le terrain ?

On était souvent en contact avec Patrick Knaff et aussi loin que je me souvienne, mon idée première, c'était de parler rapidement de ma performance, mais aussi d'expliquer très vite ce qu'il y avait derrière : le travail en amont, l'entraînement. En fait, je voulais que les gens qui ne connaissaient pas bien le ski puissent mieux le comprendre.

Et en tant que consultante ?

Je reste curieuse, je veux comprendre l'évolution de la technique, du matériel. J'aime comparer ce qui change entre les différentes générations. Cela me donne l'occasion de m'adresser au grand public, donc j'ai une responsabilité. Ça m'embête parfois de critiquer les skieurs, mais quand il n'y a pas de résultats je dois expliquer pourquoi. Dans une carrière, quand tu as pratiqué au plus haut niveau, tu es forcément passé par là, il y a des hauts et des bas, ça peut vite changer. Quand il y a des choses pas très agréables à évoquer, il faut faire attention à la manière dont tu t'exprimes. Un mot peut tout changer si tu dis d'une fille de l'équipe de France qu'« elle n'est que 3e », elle peut mal le prendre, alors que si tu dis : « Elle est 3e » et que derrière tu as exactement la même argumentation, ça passe mieux.

Patrick Chêne et Pierre Fulla.

« "Stade 2", ce sont des individualités fortes qui savent jouer pour le bien du collectif ! »

Patrick Chêne

Pendant longtemps, après mon départ de l'émission, dans la rue, on me disait : "Bon, ben, à dimanche soir !" Comme si j'étais encore là, dans la bande, pour toujours... »

Fondateur et dirigeant du groupe de médias Sporever, Patrick Chêne est aujourd'hui un chef d'entreprise reconnu et un homme de télévision toujours respecté. Il enchaîne les rendez-vous, prend des décisions toutes les minutes, c'est un homme pressé. Mais pendant qu'il parlait de « Stade 2 », son téléphone pouvait vibrer, il n'était plus là. Dans ses yeux, on voyait qu'il était reparti vingt ans en arrière. Parce qu'il avait été profondément heureux de s'asseoir derrière cette table, entouré de ces journalistes qui étaient aussi ses amis. Et quand on a vu cette lueur dans les yeux d'un homme à qui presque tout réussit, on peut affirmer sans aucun doute, que « Stade 2 », c'est quand même, vraiment, quelque chose à part...

Surya Bonaly termine 4e aux JO de Lillehammer en 1994.

.../... du col de Portet-d'Aspet, lors du Tour de France – **Cyclisme** Laurent Jalabert est 1er au classement de l'Union cycliste internationale – **Rugby** L'équipe d'Afrique du Sud remporte la Coupe du monde en battant les All Blacks de Nouvelle-Zélande en finale

MICHEL PLATINI

LE ROI MICHEL

Triple Ballon d'or, Michel Platini est considéré comme l'un des meilleurs footballeurs français. Il s'illustre à la Juventus Turin, où il est sacré à 3 reprises meilleur buteur du championnat qu'il remporte 2 fois. Il soulève son premier trophée international à l'issue de l'Euro 1984. Il est aujourd'hui président de l'UEFA.

Quel est votre souvenir de l'émission en tant que télé spectateur ?
C'était la seule émission sportive du moment et donc on la regardait bien évidemment, d'autant plus qu'il y avait toutes les « stars » qui la présentaient. C'était une émission référence, LA référence. J'ai participé à cette émission plusieurs fois et j'ai rencontré tous ces journalistes, c'est donc pour moi un grand souvenir.

Quels étaient les séquences, les rubriques ou les moments que vous aimiez le plus ?
Les buts des championnats étrangers. Cela m'a inspiré plus tard pour faire mon émission « Numéro 10 » sur Antenne 2 qui montrait justement les buts de l'étranger.

Quels sont les personnalités, les journalistes qui vous ont le plus marqué ?
Thierry Roland, Bernard Père pour le football ; Robert Chapatte, pour le cyclisme, et Roger Couderc, qui était la voix du rugby. Football, cyclisme et rugby, l'émission montrait déjà les trois sports les plus populaires en France.

Pensez-vous que l'arrivée au sommet du sport mondial de champions comme vous, Hinault, Noah, Prost, Rives... a contribué à installer l'émission ?
Oui, peut-être que cela a aidé. L'inverse est vrai aussi, elle a fait naître des vocations. Elle nous a donné envie de devenir de grands champions pour pouvoir participer à l'émission *(rires)* !

Lorsque vous étiez joueur en France, quelle était votre réaction lorsque vous étiez sollicité pour « Stade 2 » ?
C'était la seule véritable émission de football, il n'y avait pas tous les talk-shows comme il y a actuellement, c'était donc moins rébarbatif et il n'y avait pas de pression de la part des journalistes comme maintenant. C'était donc relax, agréable et plutôt positif.

Lorsque vous étiez en Italie, est-ce que le fait de présenter « Numéro 10 » sur Antenne 2 vous permettait de garder le contact avec la chaîne, avec l'émission ?
Oui, j'avais commencé une émission hebdomadaire en Italie et comme cela avait du succès, on m'a demandé de le faire en France. On montrait les buts de l'étranger. Je me rappelle que les buts des matchs du dimanche précédent arrivaient uniquement le jeudi ! C'était une autre époque...

Que pensez-vous de l'évolution de l'émission au fil de ces quarante ans ? Vous la regardez encore ?
Oui, mais plus aussi souvent qu'avant, étant donné que France 2 ne montre plus beaucoup de football à part les Coupes nationales. Et il est vrai que je regardais tout de même l'émission surtout pour le football.

Êtes-vous surpris de la longévité de « Stade 2 » ?
Agréablement surpris. Je pense que c'est une émission phare d'Antenne 2-France 2 et j'espère qu'elle durera encore au moins quarante ans !

« "Stade 2" nous a donné envie de devenir de grands champions pour pouvoir participer à l'émission ! »

1995

2000

« “Stade 2” est une formidable machine dans laquelle on peut oser des choses. Car c’est une émission qui est toujours en mouvement. »

Pierre Sled

LES ANNÉES
PIERRE SLED

Pour la première fois en vingt ans d'existence, « Stade 2 » ne pioche pas dans le centre de formation de France Télévisions, mais recrute dans un autre club, Canal+. Et c'est Pierre Sled, vedette de cette formation, qui rejoint l'équipe de « Stade 2 » lors du mercato de l'été 1995…

Quand Patrick Chêne, considéré par beaucoup comme l'héritier et le fils spirituel de Robert Chapatte, décide de partir présenter le 13 Heures de France 2, plusieurs noms circulent pour le remplacer à la tête de « Stade 2 ». En interne, quelques membres de l'équipe pensent que leur tour est venu. Mais la direction de la chaîne ne veut pas choisir parmi les « anciens » et préfère chercher une solution en externe. Et en 1995, le sport, quand il n'est pas sur France Télévisions, est sur Canal+. Depuis 1984, année de sa création, la « quatrième chaîne » a bien grandi et s'est imposée comme une valeur sûre dans le monde du sport. C'est donc tout naturellement que les dirigeants de France 2 contactent Pierre Sled, l'un des leaders du service des sports de la chaîne cryptée, pour reprendre le flambeau. Et c'est d'autant plus facile de le convaincre que Pierre Sled n'est pas venu au journalisme sportif par hasard. En sport, le Parisien est lui aussi un enfant de la balle. « J'ai eu le Capes d'éducation physique et j'ai enseigné pendant quelque temps au lycée Janson-de-Sailly. Mais j'ai surtout été footballeur de troisième division (à Corbeil-Essonnes et à Versailles), et en équipe de France universitaire, explique-t-il. Bref, le sport, c'est ma vie. Au début des années 1980, j'ai même eu quelques propositions en D1, de la part d'Auxerre et de Toulouse. Si je m'étais accroché un peu, je pense que j'aurais pu faire une bonne petite carrière. Mais j'ai tout plaqué pour devenir journaliste, ma deuxième grande passion. Et je ne l'ai jamais regretté. »

L'homme d'un autre canal

En 1985, après un passage à Radio France, à France Inter, puis à RFO, où il présentait le journal du soir, il décide de tenter une nouvelle aventure en entrant à Canal+, alors balbutiante. « C'était une école formidable et

1996 **Formule 1** Olivier Panis remporte le Grand Prix de Monaco. À ce jour, c'est la dernière victoire d'un pilote français – **Cyclisme** Bjarne Riis gagne le Tour de France, un titre qui lui…/…

Pierre Sled et David Douillet, champion du monde de judo en 1995.

Éric Cantona, porteur du maillot de Manchester United, met fin à sa carrière le 18 mai 1997.

beaucoup disent encore aujourd'hui que nous avons changé la façon de filmer le sport à la télévision, explique-t-il. Avec des hommes comme Charles Biétry, Michel Denisot, Jérôme Revon ou Jean-Paul Jaud, j'ai beaucoup appris. Il y avait tout ou presque à créer et nous pouvions explorer des terrains vierges pour inventer une nouvelle façon de faire de la télévision. C'était vraiment stimulant et incroyablement vivant ! » Le journaliste sportif crée « L'Équipe du dimanche » en 1990 et couvre les jeux Olympiques de Barcelone de 1992 pour Canal+. Cette année-là, et l'année suivante, il remporte deux Sept d'or et s'affirme comme l'une des valeurs montantes du sport à la télévision. Il continue de creuser son sillon au sein de la chaîne du foot, quand un coup de téléphone va commencer à lui donner des envies d'ailleurs. « En septembre 1994, j'ai reçu un coup de téléphone de Jean Réveillon, alors directeur général de l'antenne et des programmes de France Télévisions, qui m'a proposé de présenter le journal de 20 heures, explique Pierre Sled. Sur le coup, je dois avouer que j'ai trouvé ça un peu bizarre pour un journaliste comme moi qui venait des sports. Je commençais à avoir envie de quitter Canal+, car je sentais que j'étais à la fin d'un cycle. J'ai toujours voulu fuir la routine et j'ai passé ma vie à changer de cap quand je sentais que j'étais arrivé au bout d'un truc. Du coup, j'ai tout de même étudié très attentivement la proposition de Jean Réveillon. Mais, sur les conseils de ma femme, Sophie Davant, j'ai fini par refuser ce poste. Elle m'a expliqué que j'aurais du mal à me faire accepter par la rédaction, venant non seulement de l'extérieur, mais en plus des sports. Et même si je me sentais tout à fait capable de me lancer dans cette aventure, je pense qu'elle avait raison. Quelques mois plus tard, en décembre 1994, Jean Réveillon m'a rappelé en me proposant, cette fois, de faire le 13 Heures. Comme quoi, ils avaient vraiment envie de me faire venir dans le groupe ! Mais pour les mêmes raisons, j'ai refusé. »

Durant l'été, Pierre Sled s'imagine rempiler pour une nouvelle saison à Canal+ quand son portable sonne à nouveau. « En juillet, j'étais en vacances à Bordeaux, se souvient le présenta-

…/… sera retiré en 2007 pour dopage – **Football** Le Paris Saint-Germain, entraîné par Luis Fernandez, remporte la Coupe d'Europe des vainqueurs de Coupe en battant le Rapid de Vienne grâce à un coup franc de Bruno N'Gotty – **Football** L'Allemagne remporte le championnat d'Europe, …/…

teur. Avec ma femme, nous étions en train de jouer au golf lorsque j'ai reçu un nouveau coup de fil de Jean Réveillon. Cette fois-ci, il m'a simplement demandé si je pouvais être le soir à Paris, en me disant : "Je ne peux pas te dire pourquoi, mais fais-moi confiance, je pense que cela va te plaire !" » Le journaliste saute dans un avion et retrouve le soir même les dirigeants de France Télévisions. Durant cette entrevue, pas question de 20 Heures ou de 13 Heures, mais de tout autre chose : « Stade 2 » ! « Je suis un enfant de "Stade 2", précise le journaliste. Pour moi, ce programme est le "Hall of Fame" des émissions sportives. Robert Chapatte était à mes yeux un dieu vivant, mais je n'avais jamais imaginé pouvoir présenter cette émission un jour. Pour moi, ceux qui avaient la chance de le faire étaient là à vie ! Lorsque les dirigeants de France Télévisions m'ont fait cette proposition, j'étais fou de joie et j'ai accepté tout de suite. "Stade 2", je savais que je pouvais le faire. Le faire bien et tout de suite, car je me trouvais légitime et pour moi, c'était essentiel. Alors, je suis arrivé heureux et gonflé à bloc, fin juillet 1995, pour me lancer dans cette nouvelle aventure. Bien sûr, au début, quelques-uns ont

« Dans la rue, on me parle encore de "Stade 2". »

Pierre Sled

Jean Galfione, médaillé d'or de saut à la perche…

… et Marie-José Pérec, double médaillée d'or sur 200 et 400 m aux JO de 1996.

…/… l'équipe de France est éliminée en demi-finale – **JO (saut à la perche)** À Atlanta, Jean Galfione devient champion olympique en passant 5,92 m en finale – **JO (cyclisme)** Jeannie Longo est médaille d'or de l'épreuve sur route – **JO** L'équipe de France remporte 37 médailles (15 en or, …/…

Laura Flessel remporte deux médailles d'or aux JO d'Atlanta de 1996.

grincé des dents, car je venais de l'extérieur. Des journalistes de la rédaction pensaient que leur tour de présenter l'émission était venu et je comprenais leur position. En parlant avec eux, j'ai tout de suite vu qu'ils ne remettaient pas mes qualités professionnelles en cause, mais qu'ils ne comprenaient pas que l'on aille chercher quelqu'un à l'extérieur. Avant d'arriver, je me doutais que j'allais devoir affronter ce genre de petits problèmes et j'avais décidé de régler les choses très vite. Ensemble, avec les cadres de la rédaction, nous avons mis les choses à plat, nous avons beaucoup échangé, crevé les abcès qui devaient être crevés et, par la suite, tout s'est bien passé. »

Pierre Sled vient avec des idées et des « méthodes Canal » qui, selon lui, tranchent un peu avec ce qui se faisait jusqu'alors au sein de la rédaction des sports de France Télévisions. « Au départ, "Stade 2" était une émission de résultats, explique le journaliste. Il faut se rendre compte que pendant des années, c'était le seul endroit pour avoir les résultats de D1. Une chose inimaginable aujourd'hui ! Mais en 1995, tout avait déjà changé et nous avons voulu faire autre chose, proposer une vision plus magazine du sport. »

Le tennisman Pete Sampras.

L'athlète Eunice Barber.

Le cycliste Florian Rousseau, en compagnie de Michel Drucker.

…/… 7 en argent et 15 en bronze) – **Tennis** La France gagne la Coupe Davis en battant la Suède en finale. L'équipe tricolore est formée par Cédric Pioline, Arnaud Boetsch, Guy Forget et Guillaume Raoux – **Motocross** Sébastien Tortelli est champion du monde en 125 cm³ sur une Kawasaki

« Coup de jeune » !

Il décide de présenter l'émission debout, de faire revenir un public qui permet de dynamiser les plateaux et prend la décision de mettre davantage de consultants à l'antenne. « Avec toute l'équipe, nous avons choisi de mettre beaucoup plus de rythme, poursuit-il. Les audiences ont suivi puisque nous sommes très vite passés de 23 à 27 % d'audimat. Comme dans n'importe quelle équipe, ces bons résultats étaient avant tout le fruit d'un travail collectif. Toute la « *Dream Team* » de journalistes était derrière moi. Comme dans le monde du sport, ces victoires, remportées chaque dimanche sur la concurrence, ont créé un ciment, un lien, une base saine. Du coup, tout le monde a énormément travaillé. Nous étions vraiment soudés, dans une belle dynamique qui nous permettait de nous battre toujours plus et d'être vraiment très créatifs. Au quotidien, je sentais que tout le monde avait pris un vrai "coup de jeune", une saine émulation s'est mise en place et c'était vraiment agréable de travailler dans de telles conditions. » Pierre Salviac, qui est le corédacteur en chef de l'émission avec Pierre Sled, s'occupe de toute la fabrication de l'émission et le tandem que forment les deux hommes fonctionne à merveille. « J'avais parfois des idées saugrenues, se souvient le présentateur, mais il ne me freinait jamais. "Pierrot" était un historique, mais il aimait que je vienne avec des idées nouvelles pour bousculer un peu l'ordre établi. On avançait ensemble, main dans la main,

Pierre Sled reçoit Amélie Mauresmo…

…qui s'exprime pour la 1re fois sur son homosexualité.

« Cela aurait pu être difficile pour Pierre, car il venait de l'extérieur. Mais c'est un gros bosseur et il a su se faire accepter très vite. »

Patrick Chêne

1996, Olivier Panis est le dernier vainqueur français du Grand Prix de Monaco.

1997 **Boxe** Le 28 juin, Mike Tyson est disqualifié pendant un combat contre Evander Holyfield pour lui avoir mordu l'oreille – **Basket** Tariq Abdul-Wahad devient le 1er Français à jouer en NBA, sous les couleurs des Kings de Sacramento – **Cyclisme** Frédéric Guesdon …/…

dans une ambiance de confiance réciproque qui nous permettait de monter des plateaux et des sujets vraiment différents.» En 1996, par exemple, Pierre Sled décide de marquer le coup pour la Journée de la femme en n'invitant sur le plateau que des championnes. De nombreuses stars de l'époque comme Marie-José Pérec, Mary Pierce ou la nageuse Roxana Maracineanu répondent présentes. «Une partie de la rédaction était un peu sceptique sur cette idée, précise le présentateur. Mais avec Pierre Salviac, nous avons résisté aux pressions et nous avons fait une merveilleuse émission. Le lundi matin, quand on a eu les audiences, on a su que l'on avait eu raison, car on avait fait 33 % de parts de marché ! Ce chiffre incroyable a montré qu'il ne fallait pas avoir peur d'oser proposer quelque chose de différent aux téléspectateurs. Et que le sport, même dans une institution comme "Stade 2", pouvait être traité avec un œil nouveau. Par la suite, nous avons fait de super-coups, en nous adaptant à l'actualité, bien entendu, car c'est l'info qui dirigeait tout.» Pierre Sled met en place une émission très réactive où le conducteur pouvait être bousculé à quelques heures de l'antenne. Les chaînes infos ne sont pas encore nées, mais l'équipe de «Stade 2», en particulier le week-end, vit sur ce rythme effréné. Tout le monde est sur le pont et chacun se bat pour avoir les meilleures interviews et les sujets les plus forts. «Je me souviens d'un samedi soir où Jean-Pierre Papin s'était un peu "chauffé" sur le terrain avec Xavier Gravelaine, explique Pierre Sled. Le lendemain, j'ai appelé "JPP" en lui demandant de faire un duplex de Bordeaux pour s'expliquer en direct dans "Stade 2" avec Xavier. Nous avons pu faire le face-à-face en *live*, ils se sont parlé franchement, nous étions parfaitement en phase avec l'info chaude du week-end, c'était vraiment génial. Les téléspectateurs adoraient, et pour la rédaction, professionnellement et journalistiquement, c'était très motivant. Nous étions vraiment au cœur de l'actu, en phase avec les événements. Du coup, au service des sports, tout le monde s'est mis à proposer des coups pour l'émission. Patrick Montel a fait des choses formidables avec l'Afrique, Lionel Chamoulaud a amené de grandes stars de tennis, tout le monde tirait dans le même sens pour faire la meilleure émission possible.»

L'info à 300 km/h

De 1995 à 2000, «Stade 2» se met à surfer sur un sport français qui se met enfin à gagner au niveau international. Les plus grands clubs d'Europe se battent pour enrôler les joueurs de l'équipe de France de football qui montent en puissance avant d'être sacrés à la Coupe du monde 1998. La France découvre des sportifs qui remportent

> «Nous avons toujours voulu être au cœur de l'actu, car "Stade 2" doit être la référence.»
>
> Pierre Sled

Pierre Sled règle le conflit entre Xavier Gravelaine et Jean-Pierre Papin, le lendemain de leur altercation.

Pierre Sled commente les matchs du Mondial 1998 au côté du grand Pelé.

…/… remporte la classique Paris-Roubaix et Laurent Brochard devient champion du monde sur route – **Cyclisme** Le 17 juillet, l'équipe Festina est exclue du Tour de France pour dopage – **Football** Le Paris Saint-Germain perd la finale de la Coupe d'Europe des …/…

// ICI, À NAGANO… //

En 1998, lors des jeux Olympiques organisés au Japon, le temps est catastrophique. Régulièrement, le brouillard tombe sur les sites olympiques et de nombreuses épreuves sont reportées ou organisées dans des conditions de visibilité incertaines. À l'antenne, les journalistes de France Télévisions doivent faire preuve d'imagination pour meubler les longues minutes d'attente avant le début des épreuves. À ce petit jeu, Pierre Fulla, un des journalistes « historiques » de « Stade 2 », va devenir une star grâce aux « Guignols de l'info » de Canal+ qui inventent le fameux « Eh bien, ici, à Nagano… » qu'ils déclinent à l'envi tous les soirs. Dans leurs sketchs, Pierre Fulla commente des épreuves loufoques de « saut acrobatique messieurs bijambistes, catégorie moins de trois bras ». Et à chaque fois, il parle d'un « athlète, ma foi, d'un fort beau gabarit ». Des répliques hilarantes qui font encore le tour du Web…

des victoires éclatantes et qui sont encore relativement abordables, puisque le sport-business n'a pas encore tout envahi. Richard Virenque continue de flamber avec le maillot à pois sur les routes du Tour de France et les foulées somptueuses de Marie-Jo Pérec lèvent les foules dans tous les stades. Mary Pierce marque de son empreinte plusieurs tournois de Roland-Garros avant d'être sacrée en 2000, une première pour une Française depuis Françoise Dürr en 1967. David Douillet, Jean Galfione sont sur le toit du monde aux jeux Olympiques de 1996. Bref, le sport français a le vent en poupe et porte « Stade 2 ».

En 1998, changement dans l'équipe, Dominique Grimault remplace Pierre Salviac au poste de rédacteur en chef de l'émission. « Dominique était encore plus "barge" que moi, plaisante Pierre Sled. Il était toujours à l'affût, c'était vraiment motivant de travailler avec lui. Quand il est arrivé, il a dit : "Il faut que le téléspectateur se dise : il ne faut pas que je rate 'Stade 2' sinon je vais passer à côté d'une information importante." Nous avons donc été encore plus réactifs. L'ensemble de la rédaction était toujours sur le qui-vive et franchement, je ne me souviens pas d'un événement marquant qui ait pu nous échapper durant toute cette période. »

Durant ces années, « Stade 2 » reste incontournable pour les athlètes de haut niveau et pour tous les passionnés de sport, mais aussi plus simplement pour de très nombreux téléspectateurs. Selon plusieurs

Pierre Salviac, spécialiste du rugby…

…interroge Bernard Laporte.

…/… vainqueurs de coupe contre Barcelone (but de Ronaldo, sur penalty) 1998 **Basket** Bourges remporte sa 2e Euroligue consécutive en battant les Espagnols du Getafe Madrid – **Cyclisme** Marco Pantani, surnommé « le Pirate », remporte le Tour de France et le Tour d'Italie –

// LES BLEUS SUR LE TOIT DU MONDE //

Au soir du 17 novembre 1993, après la terrible défaite face à la Bulgarie qui prive les Bleus de la Coupe du monde de football aux États-Unis, l'équipe de France est au fond du trou. Aimé Jacquet, le sélectionneur adjoint, rentre aux vestiaires les larmes aux yeux. Moins de cinq ans plus tard, il tient enfin sa revanche. Coach des Bleus depuis 1994, violemment critiqué par la presse sportive, il a su faire grandir la génération dorée du football français. Avec l'abnégation, le goût du travail et de l'effort qui le caractérisent depuis le début de sa carrière. Sans tapage et sans bruit, il a construit une équipe compétitive pour cette Coupe du monde organisée en France. Et alors que tout le monde lui promettait un échec cinglant, Didier Deschamps, son capitaine emblématique, et Zinedine Zidane, son joueur de génie, lui permettent d'être le premier coach français à s'asseoir sur un banc pour une finale de Coupe du monde. Le 12 juillet 1998, sur la pelouse du Stade de France, les Bleus atomisent le Brésil sur le score de 3 à 0. Zizou inscrit deux buts de la tête et Emmanuel Petit, qui est aujourd'hui l'un des consultants foot de France Télévisions, parachève le plus grand succès du football français. « Et 1 et 2 et 3 zéro ! » résonne encore dans la tête des supporters qui ont eu la chance de voir la Coupe du monde dans les mains de leurs idoles...

Aimé Jacquet et Zinedine Zidane...

...préparent le Mondial 1998.

« Tout au long de l'émission, on faisait bouger les choses pour toujours être au top. »

Pierre Sled

journalistes de l'époque, « Stade 2 » aurait même précipité la fin de « 7 sur 7 », l'émission mythique de TF1. « On avait quinze minutes en commun avec cette émission, précise Pierre Sled, et il nous arrivait de faire des pointes à 35 %. Du coup, face à nous, "7 sur 7" souffrait beaucoup. À la fin de "Stade 2", nous faisions un duplex avec Michel Drucker qui présentait déjà l'émission suivante et nous le lancions sur de bons rails. Bref, nous étions sur un nuage ! »

Pierre Sled utilise aussi de nouvelles méthodes pour doper l'audience et conserver les téléspectateurs qui zappaient sur « Stade 2 » au moment des publicités diffusées sur les autres chaînes. Sur le plateau, il fait installer des écrans pour suivre en direct les émissions concurrentes. Et quand il voit les plages publicitaires, il « vend » les sujets à venir de « Stade 2 ». « Tout au long de l'émission, je parlais régulièrement du sommaire,

Football Le Real Madrid remporte la Ligue des champions, trente-deux ans après son dernier titre dans cette compétition – **Rugby** L'équipe de France gagne le Tournoi des V Nations en réalisant un deuxième Grand Chelem consécutif – **Voile** Éric Tabarly disparaît .../...

Victoire mythique, les Bleus exultent en soulevant la Coupe du monde de football 1998.

…/… à 66 ans – **JO (snowboard)** À Nagano, Karine Ruby décroche l'or en slalom géant 1999 **Cyclisme** 1re victoire de Lance Armstrong sur le Tour de France. Ce titre lui sera retiré pour dopage, comme les 6 autres Tours de France qu'il remportera – **Football** L'OM perd …/…

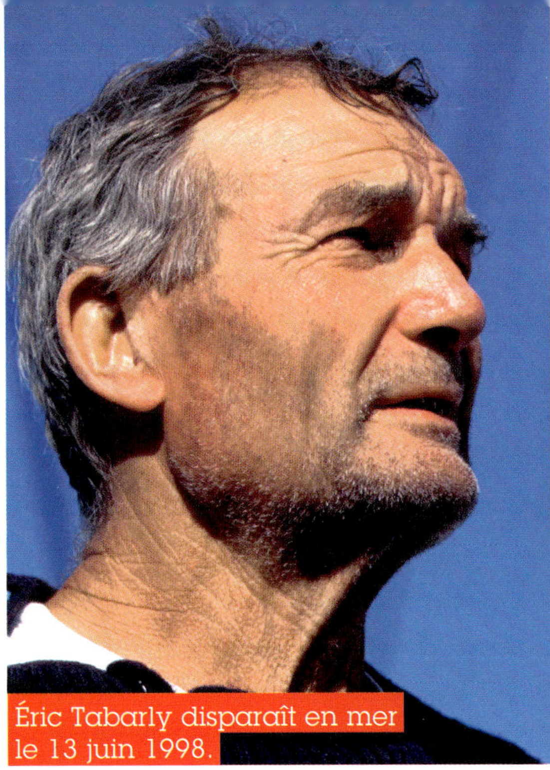

Éric Tabarly disparaît en mer le 13 juin 1998.

Nagano 1998, la snowboardeuse Karine Ruby devient la 1re championne olympique de slalom géant.

précise-t-il. Je faisais des *"coming next"*, comme on dit maintenant, en décrivant les sujets à venir pour retenir les téléspectateurs. C'était facile à faire, car les sujets de nos journalistes étaient tellement bons que je n'avais pas à survendre. J'étais fier de l'émission, fier de l'équipe, il était logique pour moi de vouloir attirer de nouveaux téléspectateurs vers un programme que je savais excellent. »

Un show à l'américaine

En parallèle avec « Stade 2 », Pierre Sled commente l'Euro 1996 et la Coupe du monde 1998, avec Paul Le Guen comme consultant. Il vit avec passion la montée en puissance de la « bande à Jacquet » qui va mettre la main sur le football mondial jusqu'à l'an 2000. Avec Jérôme Revon et Patrick Clément, durant ces années bouillonnantes, il a également l'idée de créer la fameuse « terrasse », devenue une institution lors du tournoi de Roland-Garros. « Lorsque j'étais à Canal+, lors de mes voyages professionnels sur les compétitions, j'avais observé comment travaillaient les chaînes américaines qui montraient toujours le théâtre des exploits en arrière-plan, explique le journaliste. Avec la rédaction, nous avons réfléchi comment le faire à Roland-Garros. Avec ce plateau au-dessus du Central, nous étions au cœur de l'événement et cette idée a fonctionné immédiatement. Le pari n'était pas évident, mais dès la première, j'ai senti que cela ne pouvait que fonctionner. »

« Stade 2 » profite donc à fond d'un sport français qui vit une époque bénie, en particulier dans le football. Zinedine Zidane vient sur le plateau pour une émission spéciale diffusée quelques semaines avant la Coupe du monde 1998. Le numéro 10 reviendra quelques mois plus tard, tout juste auréolé du Ballon d'or France Football. « Il était alors le meilleur joueur du monde, il était au sommet et c'était naturel pour lui de venir nous voir, s'émerveille Pierre Sled. Les sportifs de cette génération avaient un attachement tout particulier avec "Stade 2". Lorsqu'ils étaient enfants, ils ne rataient pas l'émission, car c'était le seul programme, ou presque, qui était consacré au sport. Du coup, ils étaient vraiment fiers d'y être invités. Et puis, lorsque j'étais à Canal, je les avais connus tout jeunes, alors qu'ils débutaient à peine. Nous nous connaissions un peu. Du coup, tout était plus simple. »

Le 7 mars 1999, « Stade 2 » réussit également un tour de force en invitant Amélie Mauresmo, qui vient de faire son *coming out* dans *Paris Match*, quelques jours auparavant. « Dès que nous avons lu cette interview, précise Pierre Sled, il était évident que nous devions l'avoir pour sa première télévision.

Le 28 juin 1997, Mike Tyson est privé de sa licence pour un an après avoir mordu par deux fois à l'oreille son adversaire Evander Holyfield.

> « Les stars du sport étaient encore abordables et avaient vraiment envie de venir chez nous. »
> Pierre Sled

Patrick Montel et la sprinteuse Merlene Ottey.

Avec Lionel Chamoulaud, nous avons donc décidé de nous mettre au travail. Et elle a accepté de venir en parler pour la première fois à la télévision, car elle avait confiance en nous. Elle savait que nous n'allions pas la faire tomber dans un piège et que "Stade 2" était l'endroit où elle devait parler. Et nous avons fait une émission formidable, touchante et forte. Pour les stars du sport de l'époque, venir à "Stade 2" était une chose importante. Les sportifs n'avaient pas d'inquiétudes, ils venaient, car ils savaient que l'on n'allait pas les trahir. C'est très important, car pour faire des coups, il faut pouvoir dire aux gens : "Fais-moi confiance"».

Du sport... à la politique

En 2000, après cinq ans, Pierre Sled décide de passer la main. « Après de si belles années, après avoir commenté un Euro 2000 inoubliable, je me suis dit que je pouvais continuer, mais que je ne vivrais jamais rien d'aussi fort. J'ai eu envie d'autres challenges et j'ai monté "Réservoir Sport" avec Jean-Luc Delarue. Il se trouve que Jean-Luc ne s'est pas beaucoup impliqué dans cette aventure et je suis donc parti au bout d'un an et demi. J'ai travaillé ensuite à Public Sénat et je me suis rendu compte que la politique ressemblait vraiment beaucoup au sport. Il y a de la compétition, des ego, de la mauvaise foi, mais aussi la même générosité, la même fragilité, les mêmes doutes. Quand on les approche, on se rend compte que beaucoup de politiques sont aussi attachants que les sportifs. »

Aujourd'hui encore, dans la rue, les téléspectateurs lui parlent de « Stade 2 ». « Le « Stade 2 » de Robert Chapatte a marqué plusieurs générations, celui de Gérard Holtz a marqué aussi une époque. « Stade 2 », c'étaient eux, ils l'incarnaient vraiment. Pour

En 1998, Marco Pantani réalise le doublé Tour d'Italie/ Tour de France.

…/… Mary Pierce remporte le tournoi de Roland-Garros, en battant Conchita Martinez en 2 sets – **Football** L'équipe de France remporte l'Euro en battant l'Italie, grâce à un but en or de David Trezeguet en prolongations. Didier Deschamps décide d'arrêter sa carrière …/…

Les consultants

LAURENT JALABERT

Il est connu pour avoir remporté un nombre considérable de courses comme Paris-Nice, Milan-San Remo ou La Flèche wallonne. Il a aussi gagné le championnat du monde contre la montre en 1997 et le championnat de France sur route en 1998. Vainqueur du Tour d'Espagne 1995, maillot vert du Tour de France en 1992 et 1995 et meilleur grimpeur des éditions 2001 et 2002. Il s'est reconverti sélectionneur de l'équipe de France sur route de 2009 à 2013.

Que représentait « Stade 2 » lorsque vous étiez téléspectateur ?
Compte tenu de ma région d'origine, « Stade 2 », enfant, pour moi, c'est le rugby. Je regarde ça avec mon père, on scrute tous les panneaux de résultats, on les dévore même et on adorait écouter Roger Couderc nous raconter les matchs du week-end. Je m'en souviens toujours très bien, tout comme de Robert Chapatte, d'ailleurs. Chapatte, pendant très longtemps, c'était pour moi un journaliste, un présentateur. Ce n'est que bien plus tard que j'ai su qu'il avait été coureur cycliste. Après le rugby, je suivais surtout le vélo avec un personnage en particulier qui m'a toujours formidablement inspiré : Bernard Hinault. À ce moment-là, il y avait lui et les footballeurs, surtout Michel Platini, Alain Giresse, Jean Tigana.

Et en tant qu'acteur sur le terrain ?
Je n'ai pas toujours eu des rapports faciles avec les journalistes, mais je ne me souviens pas avoir eu de problèmes dans ma carrière avec ceux de « Stade 2 », que ce soit Jean-Paul Ollivier, Patrick Chêne, Christian Prudhomme ou Thierry Adam. Un des reportages qui m'a marqué, c'est celui que Rodolphe Gaudin a réalisé au moment où j'avais pris ma décision d'arrêter ma carrière : il m'a fait tourner en bourrique ! Il y avait une mise en scène à laquelle je ne comprenais rien, je mettais des maillots, je les enlevais, je me tournais, ça prenait un temps fou et je ne savais pas à ce moment-là ce qu'était vraiment la télé et ses exigences. Mais le résultat était super en tout cas.

Et en tant que consultant ?
L'amour du vélo est toujours en moi et c'est ce que je veux expliquer et faire passer. C'est un rôle que je prends très au sérieux, celui d'éclairer le grand public et de faire comprendre ce qui se passe vraiment. Ainsi j'entretiens ma passion.

…/… internationale – **JO (athlétisme)** À la veille de l'épreuve du 400 m, Marie-José Pérec décide d'abandonner et quitte précipitamment l'Australie, traquée par les journalistes de tous les pays – **JO (natation)** Ian Thorpe remporte aussi 5 médailles (3 en or et 2 en argent) –

En 1999, Lance Armstrong « remporte » son 1er Tour de France.

La Française Mary Pierce remporte Roland-Garros en 2000.

mon passage à la tête de l'émission, c'est très différent. Je suis lucide, j'allais tout simplement bien avec l'émission. Mon image collait parfaitement à celle de "Stade 2", mais c'était ce qui allait se passer dans l'émission qui primait. Et d'ailleurs, avec l'équipe, nous avons toujours veillé à ce que la seule star soit l'émission et jamais les journalistes présents sur le plateau. J'ai quitté l'émission avec la satisfaction du devoir accompli. "Stade 2" reste une formidable aventure dans ma carrière professionnelle. Car, franchement, présenter cette émission mythique pendant cinq belles années, avec d'excellentes audiences, en dépit d'une concurrence accrue, ce n'est tout de même pas rien ! »

En 2000, lorsqu'il quitte France 2, Pierre Sled laisse la maison « Stade 2 » en grande forme. Et c'est tant mieux, car durant ce nouveau millénaire, alors qu'elle a déjà 25 ans, l'émission va devoir affronter la concurrence de plus en plus implacable de nouvelles chaînes, mais aussi et surtout d'Internet qui va changer toutes les règles.

Finale de l'Euro 2000 face à l'Italie, David Trezeguet offre la victoire aux Bleus.

JO La France remporte 38 médailles. Brahim Asloum (boxe), Tony Estanguet (canoë-kayak), Florian Rousseau, Félicia Ballanger, Arnaud Tournant, Laurent Gané (cyclisme sur piste) et bien sûr David Douillet (judo) sont les grandes stars tricolores de ces Jeux

RICHARD DACOURY
LES SOUVENIRS DE FLYING DAC

Ancien joueur français de basket-ball, il compte à son actif 9 titres de champion de France et 7 Coupes de France, un titre de champion d'Europe (actuel Euro League) en 1993, une Coupe des coupes en 1988, deux Coupes Korac en 1982 et 1983 avec le CSP Limoges. Il a aussi été sélectionné 160 fois en équipe de France entre 1981 et 1992.

Que représentait « Stade 2 » lorsque vous étiez téléspectateur ?
Je sprintais pour rentrer à la maison. C'était la seule émission que je ne ratais jamais. La grand-messe du sport, le seul moyen de connaître tous les résultats. Au-delà des images et des résultats, c'était pour moi l'époque des grands personnages autour de Robert Chapatte. Des figures, des journalistes avec du relief qui parlaient de sport comme je l'aime : avec émotion. Même moi qui viens du basket, je préfère les histoires aux statistiques.

Et comme acteur sur le terrain ?
Pour suivre notre équipe de Limoges, seuls deux grands médias étaient derrière nous, *L'Équipe* et « Stade 2 ». Quand « Stade 2 » débarquait pour un reportage, c'était génial, on se sentait heureux d'être interviewés ou commentés par Bernard Père. C'était pour nous une forme de reconnaissance, la preuve que l'aventure du CSP Limoges concernait toute la France.

En tant que consultant ?
C'est une approche différente, tu n'es plus le sujet, tu deviens le relais d'un sport, c'est une responsabilité. On attend de nous de traiter notre sport par-delà les résultats, de parler des émotions, en allant droit au but. Quand j'arrive sur le plateau pour l'émission, j'ai l'impression de retrouver une famille, d'être chez moi. Heureusement, car je dois bien dire qu'au début je « flippais » pas mal. Mais ce petit stress fait du bien, c'est comme au début d'un match, quand tu te lances. Après, une fois que c'est parti, ça va mieux !

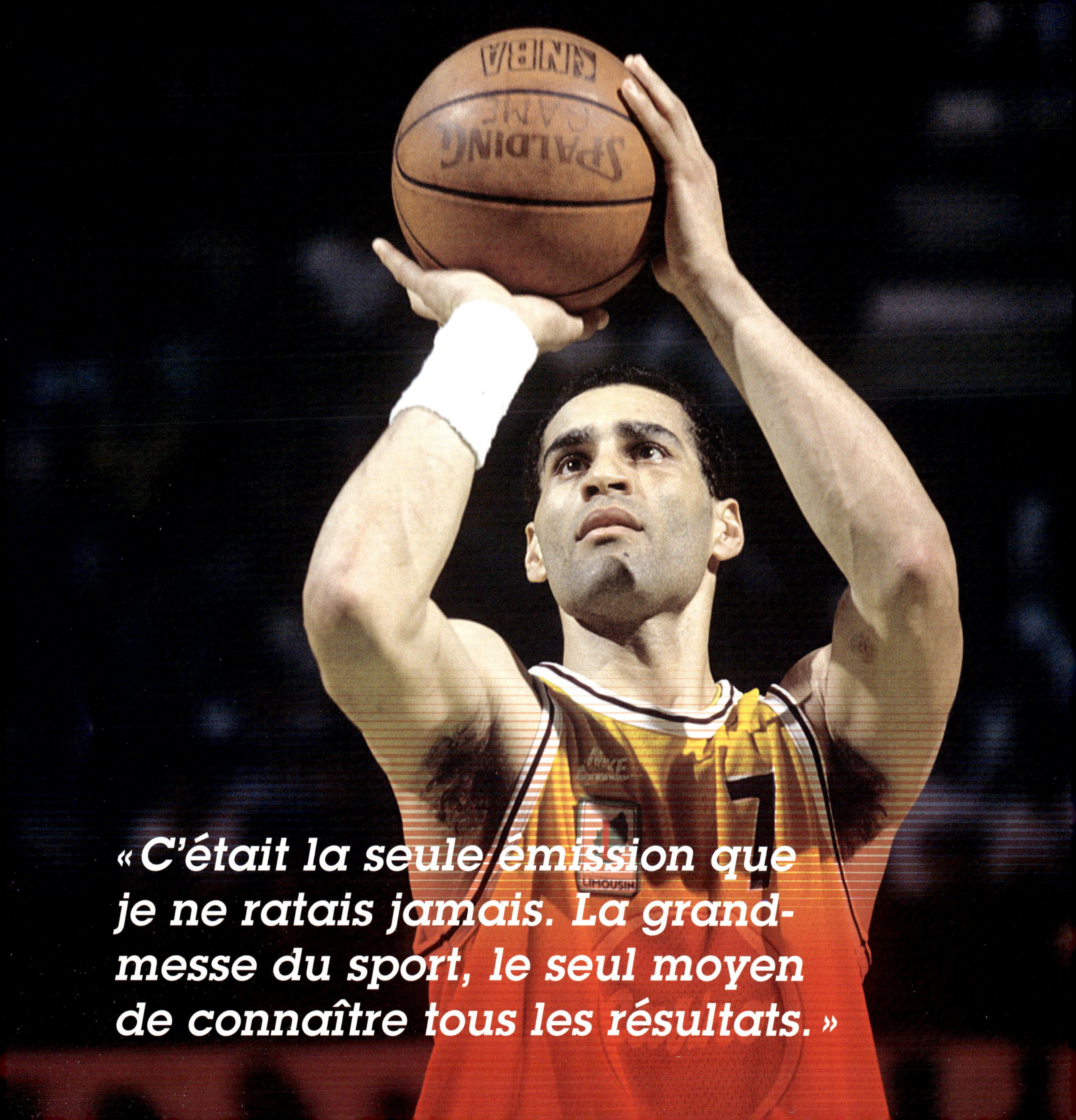

« C'était la seule émission que je ne ratais jamais. La grand-messe du sport, le seul moyen de connaître tous les résultats. »

2000

2003

« Il n'y a pas de hasard
à la télévision. Si "Stade 2"
existe encore aujourd'hui,
c'est parce que l'émission
a su offrir le meilleur
du sport. »

Christian Prudhomme

LES ANNÉES CHRISTIAN PRUDHOMME

En 2000, le nombre de chaînes a explosé, Internet est partout et l'émission s'ouvre aux longs reportages pour aller encore plus loin dans le décryptage du sport. Et c'est Christian Prudhomme qui sera l'homme tout trouvé pour incarner ce nouveau « Stade 2 », fait de rigueur et d'aventure humaine...

La famille « Stade 2 » a formé de nombreux journalistes qui sont partis vers d'autres cieux, sur d'autres chaînes concurrentes pour continuer leur métier de journaliste sportif. Mais certains ont décidé de quitter le monde des médias pour embrasser une tout autre carrière. Passé de l'autre côté du miroir depuis qu'il est le grand patron du Tour de France, Christian Prudhomme est de ceux-là. Mais il n'a rien oublié et n'en reste pas moins très attaché à l'aventure qu'il a vécue à la tête de « Stade 2 ».

« D'aussi loin que je me souvienne, j'ai toujours rêvé d'être journaliste, précise l'homme qui donne le départ de chaque étape de sa voiture rouge de directeur de course. Et j'ai voulu faire ce métier grâce au Tour de France qui a toujours été ma grande passion. Lorsque j'étais enfant, avec mon père et mon frère, nous écoutions l'épreuve à la radio. Nous écoutions d'ailleurs tout ce qui pouvait se faire sur le vélo, pendant toute l'année ! À l'époque, il n'y avait que les 100 derniers kilomètres qui étaient retransmis sur France Inter ondes moyennes. J'adorais entendre les voix passionnées d'Émile Toulouse, de Pierre Salviac ou de Jean-Pierre Brochand. Nous étions tellement amoureux de ce sport que nous écoutions aussi Luc Varenne, sur la RTBF. Cet homme avait une voix incroyable et savait transmettre l'émotion dans ses commentaires. Pour moi, il était au cyclisme ce que Roger Couderc était au rugby. Il était tout simplement unique... Et puis, quand venait la fin de l'après-midi, on regardait ce qu'il y avait à la télé, c'est-à-dire quelques kilomètres, pas plus. Bref, on ne ratait rien du Tour de France ! »

2000 **JO (athlétisme)** Marion Jones remporte 5 médailles, mais, après avoir avoué s'être dopée, elle devra rendre ses breloques au Comité international olympique 2001 **Paris-Dakar** Jutta .../...

En 2001, Tony Parker signe chez les Spurs de San Antonio…

…Et Tiger Woods remporte les 4 titres majeurs à la suite.

Le reste de l'année, ce passionné n'oublie jamais d'allumer la télévision, pour le grand rendez-vous du dimanche soir. « J'ai toujours regardé "Stade 2", explique-t-il. Pour moi, c'était un programme tout simplement incontournable. J'attendais l'émission pour avoir les résultats, voir des images, mais aussi pour écouter des hommes comme Robert Chapatte, Roger Couderc, Thierry Roland, ou Daniel Cazal. Fin 1984, alors que j'étais étudiant en école de journalisme, je suis allé à Cognacq-Jay pour assister à "Stade 2". À peine entré dans cette école, c'était évident qu'il fallait que j'aille voir comment cela se passait sur ce plateau. J'adorais ce mélange de professionnalisme et de dérision. Car les "Stade 2" des origines, c'était très professionnel, très pointu, mais aussi très drôle. Ces voix incroyables, ces coups de gueule, les blagues de Daniel Cazal comptaient aussi dans le succès de l'émission. Et tout cela faisait mon bonheur. »

De La Cinq à la 2

Diplôme de l'École supérieure de journalisme en poche, Christian Prudhomme se lance dans la presse écrite, puis rejoint La Cinq,

…/… Kleinschmidt remporte l'épreuve, une grande première pour une femme – **Tennis** Le Suisse Roger Federer remporte le 1er tournoi de sa carrière à Milan, à l'âge de 20 ans – **Cyclisme** Laurent Jalabert arrive sur les Champs-Élysées avec le maillot à pois du meilleur …/…

La régie de « Stade 2 ».

Patrick Montel et Valérie Perez.

Christian Prudhomme.

Laurent Luyat.

« J'ai toujours regardé "Stade 2". Pour moi, c'était un programme tout simplement incontournable. »

Christian Prudhomme

…/… grimpeur du Tour de France – **Football** Zinedine Zidane est transféré durant l'été de la Juventus Turin au Real Madrid pour la somme record de 75 millions d'euros – **Golf** Tiger Woods remporte le Masters et devient le 1er golfeur de l'histoire à détenir les …/…

Carole Montillet remporte
la Coupe du monde de super-G en 2003.

1er titre de champion du monde en 500 cm³ pour Valentino Rossi en 2001.

Jean-Paul Ollivier,
la mémoire du Tour de France.

où il intervient dans l'émission « Télé Matchs Dimanche » de Pierre Cangioni. Après un passage à la rédaction de France Télévisions dans les années 1990, il devient rédacteur en chef de L'Équipe TV en 1998. « J'étais sur cette chaîne quand Patrick Chêne m'a proposé de devenir rédacteur en chef des sports de la "3" après le départ de Jacques Ségui, précise le journaliste. Et en 2000, lorsque Charles Biétry est arrivé à la tête du service des sports de France Télévisions, il m'a proposé de commenter le Tour de France. Et de devenir présentateur de "Stade 2" ! » Vivre sa passion du cyclisme sur la plus grande épreuve du monde était le rêve du journaliste. Depuis son enfance, il souhaitait être au cœur de cet événement, au plus près des coureurs et de cette formidable caravane qui attire des millions de Français au bord des routes, pendant trois semaines et depuis 1903. « J'ai rêvé de présenter le Tour de France. Profondément. Quand j'ai su que l'on m'offrait cette possibilité, j'ai tout simplement réalisé mon rêve d'enfant. J'y ai vécu des instants magiques, à la fois sur le direct où l'adrénaline faisait oublier toute fatigue, mais aussi après avoir rendu l'antenne. Quand on dînait sur le Tour avec Jean-Paul Ollivier, on passait des moments formidables. Jean-Paul a toujours une histoire différente, sur tous les sujets, sur chaque région, chaque ville. Il a une culture générale phénoménale. C'étaient vraiment de très, très bons moments. »

Quand il devient présentateur de « Stade 2 », durant l'été 2000, Christian Prudhomme vit un nouveau rêve. « Présenter "Stade 2" était une chance immense, précise-t-il. C'était le rendez-vous de tous les amoureux du sport, le rendez-vous incontournable de tous les passionnés, l'émission de Robert Chapatte et de tant de grands noms du journalisme sportif, alors m'asseoir dans ce fauteuil était un privilège, je l'ai mesuré immédiatement. »

Encore aujourd'hui, dans son bureau d'Amaury Sport Organisation, la société qui gère le Tour de France et de nombreuses autres compétitions sportives comme Paris-Roubaix, Paris-Nice, l'Open de France de golf, le Tour de France à la voile ou le Paris-Dakar, Christian Prudhomme garde un souvenir précis de sa toute première émission à la tête de « Stade 2 ». « C'était l'été, nous avons fait l'émission dans le studio

…/… 4 titres du Grand Chelem en même temps – **Moto** Valentino Rossi remporte son 1er titre de champion du monde des pilotes de 500 cm³, sur Honda – **Voile** Michel Desjoyeaux gagne le Vendée Globe, la course autour du monde en solitaire, en 93 jours et 3 h 57 –

Brahim Asloum au micro de Fabien Leboucher.

« Les longs sujets qui vont au fond des choses et font découvrir des univers sont la marque de fabrique de "Stade 2". »

Christian Prudhomme

du journal, précise-t-il. La nuit de samedi à dimanche n'a pas été facile pour moi, je n'ai pas très bien dormi. Et j'ai énormément transpiré. Mais seulement autour du cou ! Cela ne m'était jamais arrivé et cela ne m'est jamais arrivé depuis, mais là j'ai beaucoup, beaucoup transpiré, et rien que là, dans mon cou *(rires)*. Une chose étrange, non ? Mais "Stade 2", ce n'était pas rien tout de même ! Avec le recul, même avec le souvenir de cette nuit un peu douloureuse, cela reste un souvenir formidable. »

Un monde en pleine évolution

Au début des années 2000, l'émission est dans une phase de transition. Les fidèles de la première heure veulent que rien ne bouge, mais l'arrivée d'Internet a déjà quelque peu changé la donne. « Stade 2 » n'est plus le rendez-vous incontournable pour obtenir les résultats sportifs. Les fameux panneaux de résultats qui ont fait la gloire de l'émission ont toujours leurs aficionados, mais de nombreux téléspectateurs n'en veulent plus. « Avec Dominique Le Glou et Florent Houzot, qui étaient les rédacteurs en chef de l'émission, nous avons mis l'accent sur les reportages, explique Christian Prudhomme. Avec un maximum d'images et de sujets anglés. Nous avons raconté des histoires, des aventures humaines et c'était vraiment agréable d'aborder le sport par ce prisme. Je préférais ça aux invités, car le sport, c'est de l'image avant tout. Si l'on a un personnage dans l'actu, on ne doit pas s'en priver, bien entendu, mais avoir un invité à tout prix n'a pas de sens. En tous les cas, c'est mon avis. Quand vous êtes un passionné de sport, vous voulez voir les athlètes en action, en situation, ou tout du moins découvrir ce qu'ils sont dans la pratique de leur sport. Les voir en civil sur un plateau, c'est souvent un peu moins fort. » Chaque lundi, en conférence de rédaction, l'équipe de « Stade 2 » se démène pour trouver des sujets différents, aller plus loin, plus en profondeur afin de faire découvrir les coulisses de tous les sports. « Dominique Le Glou et Florent Houzot étaient parfaitement complémentaires, poursuit Christian Prudhomme. Dominique avec sa parfaite connaissance et son amour du sport et Florent avec sa rigueur incroyable dans la préparation des émissions. J'ai eu vraiment de la chance de vivre cette aventure avec eux et avec une équipe formée de talents incroyables. Nous avons énormément travaillé, mais dans une ambiance détendue et vraiment agréable. Une ambiance qui pouvait virer parfois au potache. Je me souviens, par exemple, qu'aux Jeux de Sydney, durant l'été 2000, nous avions fait croire à certains membres de la rédaction restés à Paris que nous étions tous les deux, Dominique Le Glou et moi, dans une minuscule chambre avec lits superposés, tandis que Charles Biétry, le patron des sports, était dans une suite immense avec bain à remous. C'était évidemment faux, on avait tous la même chambre, mais tout le monde a avalé notre mensonge ! C'est sur ces grands événements, quand on est loin de Paris que l'esprit de corps se fonde. Une dynamique se crée, on se parle davantage et l'on noue des liens qui permettent ensuite de mieux travailler durant l'année. »

Pendant les « années Prudhomme », le monde du sport change en profondeur. Les sportifs, et en particulier les stars des disciplines dites « majeures », comme le football ou le tennis, deviennent un peu plus capricieuses. Elles s'enferment dans des tours d'ivoire et les agents deviennent omniprésents, incontour-

Water-polo L'équipe d'Espagne remporte le championnat du monde, en battant la Yougoslavie en finale, à Fukuoka (Japon) 2002 **JO (ski)** Carole Montillet remporte la médaille d'or dans l'épreuve de descente de Salt Lake City. En slalom, son coéquipier Jean-Pierre Vidal se couvre .../...

Laurent Gané, Florian Rousseau et Arnaud Tournant champions olympiques de vitesse par équipe en 2000.

But d'anthologie de Zinedine Zidane face au Bayer Leverkusen en finale de la Champions League 2002.

nables et font parfois barrage avec les journalistes. Certaines têtes d'affiche prennent un peu trop soin de leurs images et tiennent à maîtriser totalement leur communication. Mais fort heureusement, dans d'autres sports, les athlètes ont des résultats et savent rester abordables.

Lors des JO de Sydney en 2000, pour la première saison de Christian Prudhomme, le boxeur Brahim Asloum, le kayakiste Tony Estanguet, mais aussi les cyclistes sur piste Arnaud Tournant, Laurent Gané, Florian Rousseau ou Félicia Ballanger et tous les autres médaillés d'or passeront par l'émission. En 2002, aux jeux Olympiques de Salt Lake City, Carole Montillet remporte l'or dans l'épreuve de descente, une première pour une Française. Jean-Pierre Vidal fera de même dans l'épreuve de slalom et tous les deux seront dans « Stade 2 » pour parler de leurs victoires.

Face à la concurrence

Au début des années 2000, « Stade 2 » doit affronter une nouvelle concurrence. Internet prend de plus en plus d'ampleur et le sport envahit la toile. Du coup, dimanche après dimanche, il faut se battre pour maintenir de bons scores. « Nous regardions les audiences avec attention, explique Christian Prudhomme. Et le lundi matin, à 9 heures du matin, on les attendait fébrilement. Même si je me suis toujours un peu méfié des chiffres, car on peut souvent leur faire dire tout et leur contraire. Les audiences doivent être observées, mais il ne faut pas tout changer en cas de baisse. Pour moi, la satisfaction du jour est l'audience du lendemain. Quand on fait de bonnes émissions, le téléspectateur revient. Le plus important, c'était ça : garder le cap et toujours penser à faire la meilleure émission possible. »

« Stade 2 » devient un magazine de reportages, où les résultats purs ne sont plus l'essentiel. Les amoureux du sport les trouvent ailleurs, il faut donc leur proposer d'aller plus loin, de découvrir de nouveaux horizons. À cette époque, France Télévisions n'avait aucun droit en football, le groupe n'avait pas encore récupéré ceux de la Coupe de la Ligue et de la Coupe de France. Il ne restait donc que le fameux droit à l'information pour montrer quelques actions de jeu et la rédaction

En 2002, le couple français Marina Anissina et Gwendal Peizerat remporte l'or olympique.

…/… du même métal – **JO (snowboard)** Isabelle Blanc l'emporte sur Karine Ruby, qui décédera en tombant dans une crevasse du mont Blanc le 29 mai 2009 – **JO (patinage artistique)** Marina Anissina et son partenaire Gwendal Peizerat sont champions olympiques – **Football** L'Olympique …/…

devait donc explorer d'autres pistes. « Nous étions en décalage avec les autres chaînes qui avaient les droits et donc les images à profusion, précise Christian Prudhomme. Dominique Le Glou connaissait bien le milieu du foot et nous pouvions avoir accès à quelques grands joueurs, mais avec l'équipe de France, par exemple, c'était très dur. Pourtant, dans les faits, nous avons toujours pu proposer à l'antenne l'émission que nous avions en tête. Je croyais aux longs reportages, aux grands formats. Encore aujourd'hui, je crois bien plus aux sujets qu'aux plateaux avec invités. Nous avions mis en place des sujets de huit, dix ou douze minutes, avec du sens. Par bonheur, nous avions les gens pour le faire avec des journalistes de très grand talent. Je pense, entre autres, à Emmanuel Lefort, Rodolphe Gaudin, Alexandre Boyon ou Arnaud Romera, notamment sur les sports de combat. J'adorais aussi la patte et le ton de Marie-Christelle Maury. J'éprouvais déjà du plaisir à regarder ses sujets en tant que téléspectateur, j'en avais encore davantage en tant que présentateur, car je savais que l'on faisait une bonne émission. »

« Stade 2 » doit donc, dans les « années Prudhomme », affronter la concurrence d'Internet et des autres chaînes comme Canal+ ou TF1 qui proposent toujours plus d'émissions sportives, mais elle va aussi devoir se battre face à d'autres personnages qui ne sont pas vraiment des athlètes de haut niveau. « Quand "Loft Story" est arrivé, en avril 2001, on a baissé de quelques points, et là tout était devenu un peu plus compliqué, explique l'ancien présentateur. Nous avons été obligés de nous battre encore davantage pour maintenir les audiences. Alors, avec les rédacteurs en chef, on modifiait sans cesse le conducteur pour être au top quand la pub démarrait sur M6, la chaîne qui diffusait cette télé-réalité, qui était alors un véritable phénomène de société. Mais je peux vous dire qu'à l'époque, ce n'était pas simple de lutter contre la fameuse Loana ! »

Dans l'intimité des athlètes

Heureusement, les journalistes s'accrochent et se battent pour réaliser des sujets forts afin de faire découvrir l'intimité des athlètes et l'équipe autour de Christian Prudhomme ne baisse pas les bras devant l'adversité de la télé-réalité qui va tout emporter sur son passage.

« Je me souviens, par exemple, d'un reportage sur Arnaud Tournant quand il est allé battre des records en Amérique du Sud ou un autre sujet sur les adieux de Laurent Jalabert, après un championnat du monde, poursuit Christian Prudhomme. Des reportages formidables parmi tant d'autres qui, j'en suis persuadé, ont écrit de belles pages dans l'histoire de "Stade 2". »

« Nous aimions sortir des sentiers battus dans le choix des sujets que nous diffusions. »
Dominique Le Glou

Gérard Holtz interviewe Johnny Hallyday…

…lors de sa participation au rallye Dakar en 2002.

…/… Lyonnais est champion de France pour la 1re fois de son histoire, grâce à sa victoire contre le RC Lens, son dauphin, lors de la dernière journée du championnat – **Football** Le Brésil remporte sa 5e Coupe du monde, en battant l'Allemagne en finale. Ronaldo est le meilleur …/…

«Le sport, c'est avant tout une aventure humaine que l'on doit raconter aux téléspectateurs.»
Christian Prudhomme

À 26 ans seulement, Ellen MacArthur remporte la Route du Rhum en monocoque sur *Kingfisher* en 2002.

BT

Les consultants ARNAUD BOETSCH

Double vainqueur avec l'équipe de France de la Coupe Davis en 1991 (contre les États-Unis à Lyon) et en 1996 (contre la Suède à Malmö). Il a été classé 12e joueur mondial en 1996.

Que représentait « Stade 2 » lorsque vous étiez téléspectateur ?
La chaleur, une vraie chaleur autour de la table ! Pour moi, c'est l'assurance de passer un bon moment avec des connaisseurs, des gens super-crédibles. Il y avait tout ce que j'aime, de la compétence, mais aussi de l'amour, de la camaraderie. C'était agréable de ressentir cela, car j'ai l'impression que peu d'émissions de télévision peuvent se prévaloir de dégager autant de belles choses. J'avais le sentiment d'être avec eux. Grâce à cela, avec mon père avec qui je regardais l'émission, on se passionnait pour des sports que l'on connaissait mal. Mon père adorait Roger Couderc, moi Thierry Roland et ceux qui parlaient tennis : Christian Quidet, Daniel Cazal et toi, Lionel Chamoulaud.
Tout ce qui était dit était pour moi parole de vérité, avec toujours cette envie de mettre le sport et les sportifs en avant. C'est avec « Stade 2 » que j'ai suivi mes idoles Platini, Rocheteau, Blanco, Hinault, Fignon, Prost, Laffite...

Et comme acteur sur le terrain ?
Quand j'étais sur le circuit, je ne pouvais presque plus regarder l'émission, car on est la plupart du temps à l'étranger ou en train de voyager. Quand on venait vers moi pour un reportage ou un entretien pour « Stade 2 », j'avais le sentiment que ça donnait de la puissance à ce que je faisais ou à ce que l'équipe faisait. J'avais envie de ne pas être trop technique, mais de vulgariser et de parler de sensations, d'émotions. Je savais que je ne serais pas à côté de la plaque, car, même si je n'étais plus spectateur, j'avais toujours la sensation de me sentir un peu chez moi.

Et en tant que consultant ?
Il faut savoir trouver sa place dans cette émission. C'est une mécanique assez lourde, ça va vite, c'est un sprint. La tension est là, car, lorsque tu prends la parole, tu as la sensation que toute la France te regarde. Même si ce n'est pas le cas, évidemment. Tu te dis qu'il faut inspirer ceux qui te regardent et qui sont des passionnés. Le rythme de l'émission est très soutenu. Cela a pour conséquence de faire parfois un peu perdre en convivialité, camaraderie et amour.
Avec mon activité professionnelle, je me rends compte à quel point c'est agréable et compliqué de représenter une marque. « Stade 2 », c'est une marque, une belle marque, une grande marque !

.../... buteur de la compétition avec 8 buts. Les Bleus, eux, sont piteusement éliminés au 1er tour avec un match nul et deux défaites 2003 **Voile** Le syndicat suisse Alinghi, mené par Russell Coutts, remporte la Coupe de l'America – **Athlétisme** Lors des championnats du monde à Saint-Denis.../...

« "Stade 2", c'est plus fort que nous tous… »
Christian Prudhomme

«J'aimais mettre en valeur professionnellement les gens de la rédaction. Et faire un sujet de dix minutes à une heure de grande audience, c'est toujours bien pour une carrière. Je n'ai jamais été une vedette de l'antenne, j'étais seulement au service de l'émission ou des images et j'ai toujours privilégié l'harmonie d'une équipe. Dans les faits, je savais que je n'étais qu'un "passe-plat", et j'essayais de le faire du mieux possible. C'est pour cette raison que je ne pourrais jamais dire que j'ai marqué cette émission, car ce n'est pas dans mon état d'esprit. "Stade 2" demeure toujours plus fort que le présentateur et c'est bien ce qui constitue sa force. Aujourd'hui que j'ai quitté le monde de la télé, je m'en rends encore plus compte, d'ailleurs. Il y a eu des présentateurs avant moi et il y en a eu après. Bien sûr, j'ai ma part d'ego, car il en faut pour avoir la folie d'accepter de présenter une émission avec une telle notoriété. Mais j'ai toujours su que "Stade 2" serait plus fort que moi et qu'il en irait ainsi après moi également.»

Quand on lui demande s'il a gardé des petits souvenirs de certaines de ses émissions, Christian Prudhomme n'a qu'à se retourner. Derrière son bureau, dans sa bibliothèque, trône un ouvrage sur Roland-Garros. «Lionel Chamoulaud a fait venir Andre Agassi et il nous a dédicacé ce livre qui ne m'a jamais quitté. Il voulait le dédicacer à

2002, dernière victoire de Pete Sampras en Grand Chelem.

Laurent Blanc, invité de Christian Prudhomme.

En 2002, Jean-Michel Aulas célèbre le titre de champion de France de l'Olympique Lyonnais.

…/… (France), Kim Collins, un athlète de Saint-Christophe-et-Niévès, un pays situé dans les petites Antilles, devient champion du monde du 100 m, sur la piste du Stade de France. Hicham El Guerrouj gagne sa 4e médaille d'or consécutive sur 1 500 m. Marc Raquil remporte…/…

2003, l'équipe suisse Alinghi remporte la Coupe de l'America.

Pierre Salviac et Alexandre Boyon avant la prise d'antenne.

Ronaldo, star du Mondial 2002.

« "Stade 2" permet de partir à la rencontre des gens, aux quatre coins du monde. »
Christian Prudhomme

1re victoire de Roger Federer à Wimbledon en 2003.

mon nom et je lui ai demandé de le faire au nom de "Stade 2", car je tenais à ce que toute la rédaction soit remerciée. Bon, c'est moi qui l'ai gardé et j'y tiens beaucoup *(rires)*. Agassi est une des légendes du tennis et c'est un personnage incroyable. En août 1987, alors que je débutais sur La Cinq, on m'a envoyé faire un reportage sur l'influence de ce joueur sur la vente des shorts en jean et c'était très touchant pour moi de l'interviewer en direct, quinze ans plus tard. Quel showman, quelle grande star ! Et en plus, il était très sympa, c'est sans doute pour cela que ce livre ne m'a jamais quitté. »

Sur le Tour

À l'automne 2003, alors qu'il est toujours à la tête de « Stade 2 », Jean-Marie Leblanc, le grand patron du Tour de France, lui propose de devenir son adjoint. Il se remémore alors les moments passés avec son frère et son père à écouter le Tour de France à la radio et il accepte immédiatement la proposition. « Je sais que c'est aussi grâce à "Stade 2" que je suis aujourd'hui le patron du Tour, précise-t-il. Fin novembre 2003, pour ma dernière, il y avait de l'émotion, car cela me touchait d'arrêter une émission aussi mythique, même si j'allais vivre mon rêve en allant travailler sur le Tour. Cette fois-ci, je n'ai pas transpiré du cou, mais j'étais très ému. J'avais passé de bons moments avec cette équipe et je savais qu'elle allait me manquer. J'ai rencontré des gens extraordinaires avec des qualités humaines et professionnelles exceptionnelles. Et aujourd'hui, quand je regarde l'émission, je vois encore toutes ces qualités présentes à l'écran. Je le dis sans langue de bois, car je le pense sincèrement. Et pour vous le prouver, je vais vous avouer quelque chose : aujourd'hui, je ne m'accepterais pas comme journaliste à "Stade 2" *(rires)* ! Car si je suis, bien entendu,

…/… médaille d'argent sur 400 m. L'équipe de France du 4x400 m termine 3e, mais obtiendra finalement la médaille d'or quelques années plus tard en raison de la disqualification des équipes des États-Unis etd'Angleterre pour dopage. Chez les femmes, Muriel Hurtis remporte…/…

// DAVID « GOLIATH » DOUILLET//

Champion olympique des poids lourds aux Jeux d'Atlanta de 1996, David Douillet est le porte-drapeau des athlètes français lors de la cérémonie d'ouverture des JO de 2000, à Sydney. Handicapé par des blessures à répétition, le quadruple champion du monde, qui est alors le plus grand judoka tricolore de l'histoire, arrive en Australie avec une rage de vaincre telle qu'il va tout renverser sur son passage. Lors de la finale contre le Japonais Shinichi Shinohara, il livre un combat d'anthologie qui le fait entrer dans l'histoire des jeux Olympiques et du sport français. Dans la dernière minute de ce choc des Titans, alors qu'il est en difficulté, il bénéficie d'un second « yuko », synonyme du gain de l'or olympique. Au commentaire, sur l'antenne de France Télévisions, une jeune journaliste s'enflamme et fait vibrer les téléspectateurs. Cette jeune femme s'appelle Céline Géraud et présente aujourd'hui « Stade 2 »...

plutôt calé en cyclisme, je suis complètement largué dans pas mal d'autres sports. Alors que tous les journalistes de cette émission sont hyper-pointus. Comme "Stade 2" s'adresse à des passionnés, il faut savoir de quoi on parle. Du coup, je sais qu'il faudrait que je travaille beaucoup pour retrouver un bon niveau et regagner ma place *(rires)*. Et puis l'équipe en place fait du bon boulot, je pense que je vais encore rester sur le Tour... »

Christian Prudhomme ne fonctionne pas à la nostalgie, il avance. Mais pendant qu'il évoquait ses « années "Stade 2" », ses yeux se perdaient parfois dans le vide. Pendant quelques instants, il replongeait dans les conférences de rédaction, se retrouvait quelques secondes avant la prise d'antenne du dimanche soir. Et quand il nous raccompagnera, sa dernière phrase le prouvera. « Je suis incroyablement heureux d'être le patron du Tour. Mais "Stade 2", c'était vraiment bien... »

En 2003, l'équipe d'Angleterre remporte la Coupe du monde de rugby face à l'Australie.

LUC ALPHAND

DES SKIS AU RALLYE

Skieur spécialiste de la vitesse, il remporte 12 victoires en Coupe du monde et 3 Coupes du monde de descente de 1995 à 1997, année où il remporte un Globe de cristal. Il se lance ensuite dans une carrière automobile et remporte le rallye Dakar en 2006 sur Mitsubishi.

Que représentait « Stade 2 » lorsque vous étiez téléspectateur ?
C'est l'émission de résultats par excellence. Mes souvenirs concernant le service des sports : c'est « Stade 2 » et en fin d'année l'émission des Trophées des champions où tous les journalistes étaient habillés en smoking. Je trouvais ça tellement drôle. En ce qui concerne « Stade 2 », j'aimais le mélange : celui des résultats et des reportages et celui des personnalités, de Robert Chapatte à Gérard Holtz. À l'époque, où n'existaient ni Internet ni les satellites, on était tous dans l'attente des news que nous proposait « Stade 2 ».

Et comme acteur sur le terrain ?
Lorsque je deviens champion du monde junior, je vois débarquer Jean-Paul Ollivier, « Paulo-la-Science », le spécialiste du Tour de France. Là, je me dis : c'est plus qu'une récompense, une consécration. Par la suite, notre relais sur le ski, c'est Patrick Knaff. J'étais souvent à ses côtés pour des duplex les soirs de victoire, car finalement, dans cette émission, on ne reçoit que les vainqueurs et c'est le gage d'une grande notoriété.

Et en tant que consultant ?
Je n'ai pas trop eu le temps de gamberger pour passer de l'autre côté. Fin 1997, j'arrête ma carrière. Patrick Knaff me propose à nouveau de travailler à ses côtés, et j'accepte. En 1998, Jean Réveillon, alors directeur du service des sports, me demande de commenter la cérémonie d'ouverture des Jeux de Nagano au côté de Pierre Fulla. J'étais stupéfait ! Cela m'a permis de découvrir le travail des autres, le boulot énorme abattu derrière la caméra. Ainsi, j'ai pu tourner la page et essayer de faire vivre mon sport autrement. Le direct, c'est excitant, on ne peut pas plaire à tout le monde, mais j'adore parce que c'est vivant ! Cela me permet également de rester dans la famille du ski et du rallye, ça maintient dans le coup.

« À l'époque, où n'existaient ni Internet ni les satellites, on était tous dans l'attente des news que nous proposait "Stade 2". »

2003

2005

« Le direct fait partie
de l'ADN de "Stade 2".
C'est très stimulant pour
les journalistes et cela
donne un côté très vivant
à l'image. »

François Brabant

LES ANNÉES
LAURENT LUYAT ET FRANÇOIS BRABANT

France Télévisions revient à ses fondamentaux et pioche dans son vivier de journalistes qui ont grandi dans son centre de formation pour relancer l'émission. Laurent Luyat et François Brabant, deux figures du service des sports, vont jouer collectif pour gagner sur le terrain de tous les sports.

Lorsque Christian Prudhomme décide de rejoindre la caravane du Tour, la direction des sports de France Télévisions décide de tenter une nouvelle aventure en choisissant un binôme formé par Laurent Luyat et François Brabant, pour présenter « Stade 2 ». Ce sont deux piliers de la maison qui connaissent par cœur les rouages de l'émission. Pour affronter la concurrence des nouvelles chaînes qui voient le jour et contrer les assauts d'Internet qui bouleverse tous les codes en matière d'informations sportives, l'émission qui file sur ses 30 ans va, une fois de plus, miser sur le collectif.

Présentateur à 10 ans

Enfant, Laurent Luyat a deux passions qui vont lui rester pour toujours : le sport et la télévision. « Je suis né à Grenoble, dans une famille qui n'avait rien à voir avec les médias, car ma mère était femme au foyer et mon père était assureur, précise le présentateur. Mais depuis tout petit, je suis passionné par l'animation. À 2 ans, je passais mes journées à faire écouter à mon entourage les disques que je passais dans mon mange-disques. Et à 10 ans, je faisais mes propres émissions de variétés, tout seul dans ma chambre. Je me doute bien que je passe un peu pour un fou quand je raconte ça, mais c'est la vérité *(rires)* ! Je m'enfermais dans ma chambre, j'enregistrais des chansons sur mon magnétophone et je réalisais mes propres émissions. Et je ne faisais pas de la fausse radio, mais de la fausse télé, car j'imaginais que devant moi, il y avait une caméra. Personne dans ma famille ne connaissait ce

2003 **Athlétisme** La France se positionne 3e aux championnats du monde d'athlétisme – **Handball** La Croatie devient championne du monde en battant l'Allemagne. La France, .../...

Thierry Henry, interrogé par François Brabant, s'exprime sur le racisme dans le milieu du football.

« L'esprit "Stade 2", c'est ce qui ressort à l'antenne tous les dimanches. »
François Brabant

milieu, on me déconseillait même de travailler dans cet univers, mais je n'ai jamais eu envie de faire autre chose. J'avais l'impression de n'aimer que ça, de n'être bon que pour ça, le reste ne comptait même pas. »

Après le bac, le frère de Laurent Luyat, qui était pigiste au *Dauphiné libéré*, lui permet de rencontrer un journaliste du service des sports du *Progrès* de Lyon qui l'enrôle très vite. « J'ai fait mes premières piges en sport à l'âge de 18 ans. Avec ma mobylette, je partais faire des reportages sur des matchs de Nationale 4 de basket. Sous la pluie, sous la neige, rien ne m'arrêtait. J'ai suivi les conseils d'un vieux journaliste du *Progrès* qui m'avait dit de toujours prendre un crayon à papier avec moi, car quand il pleut, c'est le seul truc qui écrit toujours. J'étais fou de joie de travailler sur le sport, car j'ai toujours aimé l'émotion incroyable qui pouvait s'en dégager. »

Un an plus tard, le jeune reporter postule pour rentrer à France Bleu Isère, où il commentera les matchs de football pendant trois ans. En 1992, après être passé par Lille où il travaille à Fréquence Nord, Laurent Luyat revient à Grenoble où il devient pigiste pour le service des sports de France 3 Grenoble. À partir de 1996, il prendra même les rênes du journal régional. « J'ai présenté ce journal pendant deux ans. Cela m'a fait beaucoup de bien, car je me suis énormément enrichi au niveau culture générale. J'ai gagné en assurance à l'antenne et j'ai continué d'apprendre mon métier. » Durant l'été 1998, Jacques Ségui, le rédacteur en chef de « Tout le sport », l'appelle pour faire quelques remplacements au mois d'août, puis durant les vacances de la saison suivante. « Et en juin 1999, c'est Patrick Chêne, qui était patron des sports de France TV, qui m'a recruté et fait signer mon contrat, se souvient le journaliste. Ensuite, tout s'est enchaîné comme dans un rêve. À quelques mois des jeux Olympiques de Sydney, en 2000, la direction avait prévu de mettre à l'antenne trois présentateurs : Gérard Holtz, Pierre Sled et moi. Je devais faire la tranche de nuit, de 23 heures à 5 heures du matin. Quelques semaines avant les JO, Charles Biétry a remplacé Patrick Chêne. Dans la foulée, Pierre Sled a quitté la chaîne et Gérard Holtz a été appelé pour présenter le 13 Heures de France 2. Donc je suis resté seul et, finalement, on s'est partagé les directs avec Christophe Josse, qui venait d'arriver dans le groupe. On faisait quatre heures d'antenne, on dormait un peu dans le coin d'un bureau et on reprenait quatre heures plus tard, c'est un souvenir incroyable ! »

À partir de 2001, Charles Biétry décide de nommer Laurent Luyat comme joker officiel de Christian Prudhomme et le jeune journaliste présente donc « Stade 2 » pendant les mois de juillet et d'août et pendant toutes

…/…championne du monde en titre, complète le podium. Les Françaises remportent le championnat du monde féminin face à la Hongrie – **Rugby** Le XV d'Angleterre signe un Grand Chelem au Tournoi des VI Nations et remporte la Coupe du monde de rugby – **Judo** Les Français…/…

Pierre Salviac en plateau.

Christophe Josse, spécialiste du football.

les absences du titulaire. « La première fois, c'était particulier, bien entendu. J'étais un peu tendu, mais comme j'avais déjà des heures d'antenne, des heures de direct, je n'ai pas eu vraiment peur. Mais j'avais tout de même un peu le trac, car c'était "Stade 2", tout de même ! »

L'enfant de la chaîne

François Brabant, lui aussi, est un vrai enfant de France Télévisions. Après l'École de journalisme de Bordeaux, il y débute par un stage à « Télématin », en juillet 1987. Et depuis, il n'a plus jamais quitté le groupe. Deux mois après son arrivée, un tragique événement va lui donner un petit coup de pouce. « Marc Maisonneuve, le journaliste en charge des sports dans la matinale, s'est gravement blessé dans un accident de parachute, explique François Brabant. En conférence de rédaction, quand on a demandé un volontaire pour

Brian Joubert, champion d'Europe de patinage artistique en 2004.

…/… obtiennent 5 médailles d'argent aux championnats du monde de judo à Osaka 2004 **Formule 1** Fernando Alonso remporte son 1er Grand Prix en Hongrie – **Formule 1** Michael Schumacher remporte son 6e titre de champion du monde et égale le record de Juan Manuel Fangio –

En 2004, Laure Manaudou gagne trois médailles olympiques, dont l'or en 400 m en nage libre.

Schumacher et Loeb sont champions du monde.

« Aujourd'hui, les stars du sport font parfois un peu trop attention à leur image. »

Laurent Luyat

le remplacer, j'ai levé la main pour dire que j'adorais le sport. Et j'ai été en charge de la rubrique pendant deux ans et demi, aux côtés de Roger Zabel puis de William Leymergie. » Passionné par toutes les disciplines, mais plus particulièrement de tennis, François Brabant prend un plaisir intense à vivre au milieu des journalistes du service des sports, car « Stade 2 » a toujours tenu une place à part dans son cœur. « Mon père connaissait très bien Chapatte, il travaillait chez Mercedes et comme la marque était très présente sur le Tour, il y fréquentait Robert. J'ai perdu mon père alors que j'étais très jeune et quand je suis rentré à France Télévisions, je me suis dit que j'allais pouvoir parler de lui avec Robert Chapatte. Malheureusement, je ne l'ai jamais croisé. »

C'est finalement en 1992, lors d'un France-Suède de Coupe Davis, que François Brabant fait sa première apparition dans « Stade 2 ». « Il faisait très chaud et j'étais en short, précise-t-il. Alors j'ai demandé au cadreur de ne faire que des plans serrés pendant que j'interviewais Georges Goven, le capitaine de l'équipe de France de tennis. Mais je n'avais pas vu qu'il y avait un autre cadreur qui faisait des plans larges. À la fin de l'interview, quand Patrick Chêne, qui présentait l'émission, m'a félicité pour ma tenue estivale, j'ai compris que, pour ma première dans "Stade 2", on avait vu que j'étais en short ! *(rires)* »

Le journaliste rejoint ensuite la rédaction pour s'occuper de politique intérieure et étrangère, mais quand le service des sports pour le journal se crée en 1993, il l'intègre très vite et finira par le diriger à partir de 1998. En 1999, il retourne à « Télématin » pour y présenter les journaux et devient en 2001 rédacteur en chef du JT de 13 heures. C'est là qu'il rencontre Daniel Bilalian qui, lorsqu'il devient patron des sports du groupe, lui demande de le suivre. En 2004, il devient rédacteur en chef adjoint de « Stade 2 » et le présente en alternance avec Laurent Luyat.

« Je me souviens très bien de ma première, explique François Brabant. En particulier des minutes qui ont précédé le direct. Au maquillage, j'ai croisé Pierre Salviac qui m'a dit qu'il avait le trac. C'était sans doute pour me décontracter, mais ça n'a pas fonctionné. Je n'étais déjà pas très serein, mais mon stress a encore augmenté ! Et pourtant, des directs, j'en avais fait pour le JT, j'avais connu des montées d'adrénaline, mais je n'avais jamais res-

Football L'Allemagne remporte la Coupe du monde féminine en battant la Suède en finale – **Biathlon** Raphaël Poirée est double médaille d'or aux championnats du monde, sur 10 km et sur 15 km – **Football** La Tunisie remporte la Coupe d'Afrique des nations en battant le …/…

// « STADE 2 » VOYAGE BIEN ! //

À l'origine, « Stade 2 » était l'incarnation de l'émission de studio. Un décor immuable, un lieu unique, rien ne pouvait laisser imaginer que ce programme allait parcourir le monde. Et pourtant, très vite, Robert Chapatte a profité de la terrasse de l'hôtel particulier où était installée la rédaction pour faire prendre l'air à « Stade 2 ». Plus d'espace, plus de convivialité, les « Stade 2 » en extérieur ont débuté là, au cœur de Paris, en particulier lors de l'arrivée du Tour de France. Depuis, l'émission est devenue une grande, une très grande voyageuse et a été diffusée depuis tous les continents. Sur les jeux Olympiques, lors des Coupes du monde de football ou de rugby, mais aussi après des matchs de Coupe d'Europe, « Stade 2 » a abandonné ses studios pour se retrouver sur une pelouse, une piste d'athlétisme ou au bord d'un tracé. « Stade 2 » est toujours au cœur des événements pour se rapprocher du « théâtre des exploits »...

senti le fait d'être l'héritier de quelque chose. "Stade 2", c'est une institution, une marque, avec un passé fort. Et puis, de manière plus personnelle, j'avais un lien particulier avec "Stade 2" qui venait de l'enfance. Je suis descendu sur le plateau avant tout le monde et quand je me suis assis devant cette table mythique, j'ai vraiment ressenti quelque chose de très particulier. Ce n'était pas vraiment de la peur, mais une pression très intense. Je me suis senti pilote, responsable d'une équipe, en charge d'un truc vraiment fort. Heureusement, après la prise d'antenne, la pression est devenue très positive et tout s'est bien passé. En fait, j'ai eu l'impression que ça passait très vite, trop vite. Cela reste un souvenir très présent. »

L'info en tandem

Au fil des émissions, en alternance avec Laurent Luyat, François Brabant vit chaque semaine comme une montée en puissance avec le dimanche soir comme point d'orgue. Jour après jour, sujet après sujet, la pression monte lentement, mais sûrement. « L'une des émissions les plus marquantes est celle où l'on a reçu pour la première et unique fois Thierry Henry. Là, on sentait qu'il y avait un vrai "poids lourd" sur le plateau. En plus, il ne s'intéresse pas qu'au football et connaît très bien l'histoire de nombreux sports. Il aimait vraiment "Stade 2" et nous avons fait une émission formidable. » François Brabant se souvient aussi d'une émission plus compliquée où un direct était prévu avec un Bleu à Clairefontaire. « C'était l'équipe de France, version Domenech, précise-t-il. Et bien entendu, aucun joueur de l'équipe de France n'est jamais venu au rendez-vous. Pendant l'émission, nous avons hésité à montrer cette image de la chaise vide, puis nous avons décidé de le faire. Car le fait de "planter" une émission et de se moquer indirectement des téléspectateurs était révélateur d'un tas d'autres choses. Et explique, du moins en partie, pourquoi tout ça finira mal quelque temps plus tard. » Avec Raymond Domenech, les relations n'ont pas toujours été faciles avec « Stade 2 » et ses présentateurs. « À l'automne 2004, nous avons fait venir Domenech à "Stade 2" et ça s'est très mal passé, précise Laurent Luyat. En août 2004, je l'avais interviewé à sa prise de fonction, il était charmant et il était heureux d'être venu. Quelques mois plus tard, après les matchs amicaux moyens, alors qu'il venait de virer Robert Pirès, je lui ai posé des questions un peu "poil à gratter". Et là, ça lui a déplu, alors il n'a plus voulu jamais me parler. Mais quand on connaît un peu le football, on savait bien qu'avec un coach comme ça, l'équipe de France n'allait pas toujours tourner rond, même si l'on ne pouvait pas se douter du fiasco qui allait arriver quelques années plus tard. »

.../... Maroc en finale – **Football** La Grèce, qui a éliminé l'équipe de France en quart de finale, remporte l'Euro en battant le Portugal en finale – **JO (natation)** Laure Manaudou remporte sa 1re médaille d'or sur 400 m nage libre à Athènes – **JO (natation)** L'Américain .../...

Thierry Lincou 1er Français champion du monde de squash en 2004.

Christophe Josse, animateur ponctuel de « Stade 2 ».

« Le sport, c'est avant tout de la joie et du bonheur. Et c'est pour ça que "Stade 2" doit rester une émission positive et décontractée. »

Laurent Luyat

Au cœur de l'événement

L'événement dont parle le journaliste est bien entendu le terrible épisode de la Coupe du monde en Afrique du Sud où l'équipe de France a été la risée du monde entier, en particulier lors de la grève de l'entraînement et de l'épisode du bus, le 20 juin 2010. Laurent Luyat et François Brabant ne sont déjà plus les présentateurs de « Stade 2 », mais ils vont pourtant être au cœur de l'événement. « Professionnellement, c'est sans aucun doute un de mes souvenirs les plus forts, explique François Brabant. Ce jour-là, j'étais en régie et j'ai fini par mettre le conducteur à la poubelle. Les infos nous arrivaient en flux tendu, c'était incroyable et nous avons fait 1 h 15 de "Stade 2", uniquement sur cet événement. C'était extraordinaire, vraiment, nous étions au cœur de l'actu. Nous étions les premiers, nous avions les spécialistes et les journalistes pour comprendre cette affaire, nous étions au top ! » Laurent Luyat conserve le même souvenir très fort de cette émission, décidément à part. « Bien longtemps avant cet événement, Lionel Chamoulaud, qui était le présentateur numéro 1, m'a demandé si je pouvais le remplacer à cette date-là, car il devait assister à un mariage au Pays basque. Comme j'étais son joker officiel, j'ai bien entendu accepté. Une vraie chance, car ce jour-là, dans "Stade 2", nous étions les premiers sur cette affaire. Nous recevions les informations au fur et à mesure et je voyais Emmanuel Petit, qui était notre consultant plateau, se décomposer à vue d'œil. Il ne comprenait pas comment on pouvait faire ça à l'équipe de France. On était comme sur une chaîne info, on faisait du *live* total, avec de l'émotion et du fond, c'était incroyable. Et ce jour-là, on a fait 34 % de parts de marché ! »

Au-delà de cette émission qui a fait date dans l'histoire du sport et de la télévision, les deux présentateurs mettent en avant les « Stade 2 » qui ont lieu en extérieur. Cette capacité à se déplacer au cœur des événements sportifs est une des grandes forces de l'émission depuis de nombreuses années. « Les émissions en extérieur sur le Tour de France sont, par exemple, tout à fait passionnantes, explique François Brabant. Nous sommes en prise directe avec l'événement, mais aussi en contact rapproché avec le public. On sent les réactions sur ce que l'on dit, on entend la foule vibrer, c'est vraiment à part. C'est aussi la preuve que "Stade 2" est une institution qui peut sortir d'un studio et aller n'importe où. Avec ce programme, il y a une forme de pér ennité, on sait que l'on est dans "Stade 2", même si l'on change de contexte. »

Dans la foule

Laurent Luyat, qui ne jure que par le direct et les émissions en public, comme « Village

…/… Michael Phelps remporte 8 médailles (6 en or, 2 en bronze) – **JO (escrime)** Laura Flessel décroche sa 5e médaille olympique en argent en individuelle. Elle obtient également la médaille de bronze en équipe – **Formule 1** Michael Schumacher remporte un 7e titre de champion du monde –

Les consultants

STÉPHANE DIAGANA

Premier champion du monde d'athlétisme masculin français, il a l'honneur d'être également double champion du monde sur 400 m haies en 1997 et 2003. Il est depuis dix-neuf ans détenteur du record d'Europe du 400 m haies et recordman de France du relais 4×400 m.

Que représentait « Stade 2 » lorsque vous étiez téléspectateur ?
C'est tout d'abord un souvenir précis, celui du générique avec ses dessins animés où j'aimais tout particulièrement le sauteur en hauteur. Autrement, je me demandais à chaque émission combien il y avait de poules en rugby, ça me paraissait interminable. J'aimais bien aussi la stature de Robert Chapatte : le personnage incontournable. Pour moi, il était impératif de voir un maximum d'images dans « Stade 2 », car il n'y avait que cette émission qui nous proposait un tour d'horizon complet de tous les sports.

Et comme acteur sur le terrain ?
Passer dans « Stade 2 » était une conséquence logique. Sur le coup, on n'y fait pas attention. On s'en rend compte surtout après. Tous les sports n'ont pas les mêmes atouts pour passer à la télé. À chacun son exposition, à chacun sa couverture. En fait, c'était aux athlètes, en fonction de leur résultat, de mériter de figurer dans « Stade 2 ».

Et en tant que consultant ?
Une fois, je me suis retrouvé sur le plateau au côté de Rafael Nadal, c'était vraiment impressionnant. Je participe non pas pour défendre mon sport, mais pour être juste dans mes propos. Je me dois d'aborder tous les sujets : dopage, argent, blessure. Il ne doit rien y avoir de tabou, mais bien sûr dans mes commentaires ou mes analyses, je ne m'autorise pas à parler de la vie personnelle des athlètes. Pour le reste, je tiens à ma liberté de parole.

Les 4 reines du 4×100 m aux championnats du monde d'athlétisme en 2003.

Tony Estanguet remporte la médaille d'or de canoë-kayak aux JO d'Athènes.

« Avec "Stade 2", nous sommes légitimes pour être sur tous les terrains de sport. »

François Brabant

Départ », qu'il présente chaque jour pendant le Tour de France, a aussi une affection toute particulière pour les « Stade 2 » en extérieur qu'il considère comme une occasion de vivre son métier au plus près des sportifs et des téléspectateurs. Avec, en prime, la possibilité de donner du plaisir aux gens dans un contexte de victoire et d'exploit. « Je pars du principe que, dans le sport, on a la chance de présenter des choses joyeuses, dans l'immense majorité des cas, précise le journaliste. Le sport, c'est la fête et le public qui nous regarde a envie de se divertir, de voir un spectacle. Du coup, je suis persuadé que le présentateur doit être à l'unisson et rester décontracté en permanence. Ce qui est bien à "Stade 2", c'est que le présentateur n'est jamais seul. Du coup, sur le plateau, il y a des gens autour de lui, il y a de la vie, ça réagit, ça débat. Et quand nous sommes en extérieur, c'est encore plus fort, car il y a la foule qui participe aussi à l'émission. »

Quand on leur parle de l'esprit « Stade 2 », les deux hommes répondent à l'unisson : ce n'est pas un mythe, il existe vraiment. « L'esprit "Stade 2", même si je ne suis pas fan de ce genre d'expression, c'est ce qui ressort à l'antenne, explique François Brabant. Il se passe des choses sur le plateau, ce n'est pas un numéro permanent de certains journalistes, car tous respectent le passé et l'histoire de cette émission. Quand on travaille à "Stade 2", on a la sensation d'être dépositaire de quelque chose. Et je peux affirmer que la jeune génération qui est à l'antenne aujourd'hui n'est pas du tout désinvolte par rapport à ça. Ce passé est une force sur laquelle ils peuvent s'appuyer pour assurer l'avenir de l'émission. Et ça, c'est pratiquement unique dans l'histoire de la télévision. » Laurent Luyat, qui n'est que quarantenaire, mais qui figure parmi les anciens de « Stade 2 », ne dira pas le contraire. « Il y a un esprit "Stade 2", c'est évident, poursuit-il. Historiquement, c'était assez potache et les gens venaient aussi pour rire des bons mots des journalistes, comme lorsque Thierry Roland demandait à Laurent Fignon, à l'arrivée de sa première victoire dans le Tour, en 1983 : "Alors, vous avez le trou, Fignon ?" Il fallait oser, je ne sais pas si on pourrait le faire en ce moment ! Aujourd'hui, je dirais que l'esprit "Stade 2" est détendu. Dans cette émission, on ne doit pas se prendre au sérieux. Car les barons des "Stade 2", ceux qui ont fondé cette institution, ont habitué le téléspectateur à un état d'esprit très particulier. Et puis, on peut faire son métier sérieusement sans se prendre au sérieux, non ? »

Fidèles au service public

La présentation en binôme de « Stade 2 » ne va durer finalement qu'un an. Mais les deux hommes n'en conservent aucune amertume. François Brabant continuera de commenter

…/… signe son 8e Grand Chelem de l'histoire en remportant le Tournoi des VI Nations – **Squash** Le Français Thierry Lincou devient champion du monde en s'imposant en finale face à l'Anglais Lee Beachill 2005 **Handball** La France est 3e du championnat…/…

Ladji Doucouré, 1er champion du monde français du 110 m haies à Helsinki en 2005.

…/… du monde. Jackson Richardson prend sa retraite après cette compétition – **Voile** Vincent Riou remporte la course en solitaire du Vendée Globe en 87 jours, 10 heures et 47 minutes, améliorant le record de l'épreuve de près de six jours. Bruno Peyron gagne le trophée…/…

Les consultants

JÉRÔME ALONZO

Gardien de but professionnel de 1990 à 2010, Jérôme Alonzo a joué à Nice, à Saint-Étienne ou encore à l'OM. Mais c'est avec le PSG qu'il a décollé en Ligue 1 et remporté 2 fois la Coupe de France en 2004 et 2006 et également la Coupe de la Ligue en 2008.

Quel est votre premier souvenir quand on évoque « Stade 2 » ?
Le générique : à vie, je me souviendrai toujours du premier générique. Ç'a d'ailleurs pesé dans ma décision de venir travailler pour France Télévisions. « Stade 2 », c'est un symbole, j'attendais ça comme un fou. Le dimanche soir, j'avais un triptyque magique : « Stade 2 », *Maguy*, *Beverly Hills*. (À propos de *Maguy*, une sitcom avec Rosy Varte et Jean-Marc Thibault qui s'est intercalée entre « Stade 2 » et le JT de 20 heures, je raconte à Jérôme cette anecdote savoureuse : « Un lundi, en conférence de rédaction, Robert Chapatte nous lit une lettre d'une dame très remontée. Son mari l'a insultée car le dîner n'était pas prêt au moment où le générique de "Stade 2" retentit. Elle ne comprend pas. En fait, son mari ne savait pas que "Stade 2" avait été avancé d'une demi-heure en raison de *Maguy*. Un réflexe pavlovien qui montre à quel point les "habitudes" sont difficiles à bouger. Jérôme est mort de rire !!!)

Et comme acteur sur le terrain ?
Quand je suis pro, je me rends compte que « Stade 2 » est un monument que l'on oublie un peu car il y a d'autres émissions, d'autres sources d'images. Même si j'ai passé sept ans au PSG et que je n'ai jamais été invité à « Stade 2 », je sens que l'impact est moindre et ça me rend triste, j'ai un tel attachement à cette émission.

Et en tant que consultant ?
Mon premier « Stade 2 » sur le plateau m'a beaucoup ému, c'était avec toi, Lionel, un souvenir formidable, une fierté. Être avec vous, c'était aussi vivre des moments formidables, j'ai passé un long moment avec Carlo Ancelotti lorsque vous l'avez invité, un souvenir extraordinaire. Gamin, je bavais devant le poste, maintenant j'y suis. Derrière, il y a Michel Drucker, c'est énorme ; après l'émission, je croise Laurent Delahousse dans les couloirs qui va présenter la soirée électorale. Quelle maison, quelle fierté pour moi, vraiment !

…/… Jules-Verne et boucle le tour du monde en équipe en 50 jours et 16 h 20 – **Athlétisme** Asafa Powell établit un nouveau record du monde du 100 m en 9s77 – **Beach soccer** L'équipe de France, entraînée par Éric Cantona, devient championne du monde sur la plage de Copacabana au Brésil –

« J'étais très proche de Thierry Roland. C'était un maître pour moi. »
Laurent Luyat

Le duo Holtz/Drucker pour les 30 ans de l'émission.

En 2005, Fernando Alonso devient le 1er champion du monde de Formule 1 espagnol.

le tennis, tout en prenant de plus en plus de responsabilités au sein du service des sports, pour en être aujourd'hui le directeur de la rédaction. Laurent Luyat, lui, retrouvera son rôle de joker, tout en présentant les plateaux sur les grands événements. Il est de tous les jeux Olympiques, et, tous les ans, il s'installe sur la fameuse terrasse de Roland-Garros pour accueillir ceux qui font la magie de ce tournoi du Grand Chelem. Au mois de juillet, il anime « Village Départ », une émission de divertissement sur chaque ville étape du Tour de France. Parfois sollicités pour vivre des aventures sous d'autres cieux, les deux hommes sont toujours restés fidèles à France Télévisions, qui les a fait naître et grandir professionnellement. Au quotidien, François Brabant continue de travailler sur « Stade 2 ». Et il ne s'en lasse pas. « En tant que directeur de la rédaction des sports, je n'y suis plus à 100 %, mais "Stade 2" est toujours dans ma tête, tout au long de la semaine. C'est le vaisseau amiral de tout le service et je peux vous garantir que tout l'équipage réalise vraiment un travail formidable. Je sais bien que cela fait un peu "corporate" de dire cela, mais, au quotidien, je ne vois que des gens passionnés qui sont à fond dans leur job. Et je trouve que tous les dimanches, le résultat se ressent à l'antenne. »

Laurent Luyat est sur la même longueur d'onde et ne tarit pas d'éloges sur le service des sports du service public. « J'ai la chance de couvrir les plus grands événements sportifs, c'est un privilège immense, précise-t-il. On entend beaucoup dire que la machine de France Télévisions est lourde, mais il y a surtout un savoir-faire incroyable. Les téléspectateurs exigent toujours plus de France Télévisions, car ils paient une redevance, et c'est bien normal. Mais je peux vous dire qu'il y existe des hommes et des femmes avec un talent exceptionnel. Quand je vois les images du Tour de France ou de Roland-Garros, je suis toujours estomaqué. Il n'y a pas d'équivalent dans le monde. Et dans la nouvelle génération, celle qui est aujourd'hui à l'antenne tous les dimanches soir, il y a un savoir-faire dans le reportage qui est vraiment remarquable, avec un regard acéré, un sens de l'info que l'on ne retrouve pas ailleurs. »

Laurent Luyat et François Brabant continuent de jouer collectif. Et ce n'est pas du bluff. Car à « Stade 2 », comme dans toutes les équipes, s'il y a parfois des frictions dans le vestiaire, sur le terrain, tout le monde mouille le maillot pour le groupe. Les plus jeunes, comme les plus anciens…

Rugby Le Stade Toulousain remporte sa 3e Coupe d'Europe en battant le Stade Français en finale – **Gymnastique** Marine Debauve remporte la médaille d'or du concours général aux championnats d'Europe – **Formule 1** Fernando Alonso est sacré champion du monde pour la 1re fois

MARIE-JOSÉ PÉREC
« LE JOUR OÙ J'AI CHOISI "STADE 2" »

Figure incontournable de l'athlétisme au féminin, elle a non seulement remporté 3 fois l'or olympique (sur 400 m en 1992 à Barcelone et sur 200 et 400 m à Atlanta), mais est également double championne du monde sur 400 m (en 1991 à Tokyo et en 1995 à Göteborg) et d'Europe à Helsinki en 1994 (sur 400 m et 4×400 m).

Quels sont vos premiers souvenirs de l'émission ?
Pour moi, « Stade 2 » ça coïncide avec mon arrivée en métropole. Avec mon compagnon de l'époque et des copains, on formait un petit groupe devant la télé pour suivre l'émission. À ce moment-là, je découvre véritablement le sport grâce à « Stade 2 ». Dans un premier temps, je me passionne pour le basket et les exploits de Richard Dacoury. Puis, petit à petit, j'ai appris à connaître et à aimer d'autres sports comme le rugby. Ça reste un bon souvenir, cette façon collégiale de suivre l'émission avec des commentaires des uns et des autres.

Et en tant qu'athlète, comment se sont déroulées vos premières interventions sur le plateau ?
Lorsque ma carrière a commencé et que les résultats étaient là, j'ai été sollicitée pour participer à « Stade 2 », et là, cela a été très compliqué pour moi ! La télé, ça n'a jamais été mon truc, je ne suis pas à l'aise, vraiment. M'exprimer sur un plateau, c'est très difficile pour moi. Et puis, un jour, j'ai fini par accepter d'y venir, mais je me faisais un souci terrible. Je me souviens que c'est Pierre Sled qui présentait l'émission et, finalement, ça s'est très bien passé. Maintenant que j'y repense, je peux même dire que c'est un très bon souvenir. J'ai eu un bon contact avec Pierre, ça m'a beaucoup aidée ! D'ailleurs, lorsque je suis revenue en France précipitamment sans avoir participé aux JO de Sydney, c'est lui que j'ai choisi pour faire mon interview télé afin de m'expliquer, alors que tous les journalistes me sollicitaient.

Dans votre relation à l'émission, quels ont été les autres moments marquants ?
En fait, je me suis rendu compte de l'impact de l'émission en deux occasions. La première fois, c'est lorsque j'avais choisi, dans une période un peu compliquée de ma carrière, d'aller m'entraîner en Allemagne, là où s'entraînait Marita Koch. C'est vrai que le lieu était incroyable, cela rappelait la RDA, la guerre froide, des films d'espionnage de l'époque avec un décor en béton froid. Quand les gens ont vu ce reportage, j'ai eu des retours comme jamais, les gens étaient tellement étonnés de me voir évoluer dans cette ambiance glaciale ! On m'en a parlé pendant des mois et des mois.
Ensuite, c'est à La Plagne aux « Étoiles du sport ». Tout le gratin du sport français d'hier d'aujourd'hui et de demain se retrouve pour passer un moment privilégié à la montagne. Pendant quelques années, « Stade 2 » s'était délocalisé pour installer son plateau là-bas et j'ai mesuré à quel point les sportifs aimaient cette émission. Tous voulaient y participer comme invités sur le plateau, mais ils étaient également tout heureux d'être dans le public. Ils se battaient même pour être bien placés juste derrière le présentateur, par exemple. Je me suis dit qu'il y avait vraiment quelque chose entre les sportifs et cette émission, toutes générations et toutes notoriétés confondues. Je continue de regarder cette émission, et je trouve cela très bien qu'une femme la présente enfin.

« Je me suis dit qu'il y avait vraiment quelque chose entre les sportifs et cette émission, toutes générations et toutes notoriétés confondues. »

2005

STADE 2
2008

« Revenir aux commandes de "Stade 2" était tout à fait naturel pour moi, car cette émission est en moi depuis plus de trente ans. »

Gérard Holtz

LES ANNÉES
GÉRARD HOLTZ

Vingt ans après ses débuts à « Stade 2 », Gérard Holtz retrouve le poste de présentateur et renoue avec les origines de l'émission. À France Télévisions, on ne fait pas du neuf avec du vieux, mais on relance la jeunesse avec les forces vives de l'expérience et du talent des glorieux aînés.

Après avoir mis à l'antenne deux jeunes présentateurs, les dirigeants de France Télévisions décident de revenir aux sources. Daniel Bilalian, le nouveau patron des sports qui arrive en 2004, veut retrouver les origines de « Stade 2 » et se tourne tout naturellement vers deux glorieux anciens : Gérard Holtz à la présentation et Dominique Le Glou à la rédaction en chef de l'émission. « En 1998, juste après la Coupe du monde, que nous avions vraiment bien réussie avec le service des sports de France 2, Patrick Chêne m'avait déjà proposé de devenir rédacteur en chef de l'émission, explique Dominique Le Glou. Mais ce n'était pas le bon moment pour moi. Mon père est mort le jour de Noël 1997, j'ai beaucoup travaillé pendant l'année, comme si je voulais tout faire pour ne pas y penser, et j'ai eu un vrai coup de "moins bien" durant l'été qui a suivi. Cette mort m'a rattrapé et comme je n'étais pas bien, je ne pouvais pas accepter le poste. D'autant qu'à ce moment-là, j'avais l'impression de trahir un peu ma classe. Je viens d'une famille d'ouvriers et j'avais un peu de mal avec l'idée de devenir "patron". C'est difficile de lutter contre sa nature, comme on dit... » Quelques mois plus tard, c'est une autre mort qui va changer le cours de la vie professionnelle du journaliste qui est entré à « Stade 2 » en 1980. Au printemps 1999, Bernard Père, une des figures historiques de l'émission, meurt brutalement alors qu'il est en train de préparer la finale de la Coupe de l'UEFA entre l'Olympique de Marseille et Parme. C'est Dominique Le Glou qui le remplace au pied levé pour gérer l'ensemble des équipes qui vont assurer la retransmission de ce match qui aura lieu en exclusivité sur France 3. « Tout s'est bien passé et Patrick Chêne est revenu à la charge en me proposant à nouveau un poste de responsabilité, en me disant que je venais de prouver que j'en

2005 **Tennis** La joueuse belge, Justine Henin-Hardenne, remporte pour la 2nde fois le tournoi de Roland-Garros face à la Française Mary Pierce. Elle gagnera encore en 2006 puis .../...

7 présentateurs de «Stade 2».

«Le monde du sport a changé, il ne ressemble plus à ce que nous avons connu aux débuts de "Stade 2". Mais l'amour du sport, lui, est toujours le même.»

Dominique Le Glou

Aux championnats d'Europe de Budapest, en 2006, Laure Manaudou rafle 7 médailles.

étais capable. Et cette fois-ci, j'ai accepté. Je suis devenu l'adjoint de Dominique Grimault qui venait d'être nommé rédacteur en chef. Et comme Dominique n'aimait pas toujours gérer les petites choses du quotidien, j'ai eu beaucoup d'autonomie et c'était plutôt agréable pour débuter dans ce nouveau job.»

Retrouvailles

Quand Pierre Sled quitte «Stade 2» et que Christian Prudhomme le remplace, Dominique Le Glou devient corédacteur en chef avec le présentateur et Florent Houzot. «Nous étions un vrai trio, avec une confiance absolue entre nous, se souvient le journaliste. Nous avons vraiment bien bossé ensemble, car nous allions tous les trois dans le même sens et nous n'avions pas peur des coups de poignard entre les omoplates. La confiance, c'est essentiel, dans ce métier et l'on savait que l'on pouvait être absent pendant quelques jours sans que l'un ou l'autre ait fait un truc derrière notre dos.» Et lorsque Daniel Bilalian, le nouveau patron des sports de France Télévisions depuis juillet 2004, décide de faire revenir Gérard Holtz, Dominique Le Glou accepte de poursuivre l'aventure. «Avec Gégé, on s'est toujours bien entendus, précise-t-il. On se connaissait depuis vingt-cinq ans et il m'avait même proposé de venir travailler avec lui sur le 13 Heures. Du coup, j'étais plutôt heureux de travailler avec lui.» Les dirigeants de France Télévisions savent que les deux hommes vont pouvoir travailler ensemble et que les équipes de «Stade 2» seront entre de bonnes mains. C'est donc tout naturellement que les choses se font. Enfin presque, car comme toujours à «Stade 2», les choses se passent souvent sur un terrain de sport, et celui de 2005 est un peu particulier. «Quand Daniel Bilalian m'a téléphoné, précise Gérard Holtz, j'étais sur le mont Blanc que je venais de gravir avec mes fils. Pendant la redescente, mon portable a sonné et il m'a proposé de reprendre "Stade 2". Je me suis toujours bien entendu avec "Bil". Il y a entre nous un genre de complicité naturelle, peut-être parce que nous avons tous les deux présenté le journal télévisé. Alors, j'ai dit oui tout de suite, car on ne refuse pas ce genre de proposition quand on est, comme moi, aussi passionné de sport et aussi attaché au service public. Je suis donc rentré à Paris en pleine forme et tout est reparti.»

Gérard Holtz retrouve un fauteuil qu'il avait laissé il y a plus de treize ans. Avec de nouvelles équipes, ou tout du moins un groupe qui a été largement remanié, et avec Dominique Le Glou, seul à la rédaction en chef. «Avec Gérard, nous sommes vraiment différents, plaisante celui-ci. C'est dans *VSD*, je crois, qu'avait été publiée cette photo rigolote où l'on nous voit arriver tous les deux au

…/… en 2007. L'Espagnol Rafael Nadal s'impose, lui, dès sa 1re participation. Roger Federer remporte son 3e tournoi de Wimbledon consécutif – **Voile** L'Anglaise Ellen MacArthur bat le record du tour du monde à la voile en multicoque : 71 jours et 14 heures –

Zidane/ Materazzi…

…Le « coup de boule » historique qui coûte la Coupe du monde 2006 aux Bleus.

siège de France Télévisions, lui sur sa Harley-Davidson et moi sur mon vélo. Deux styles opposés, mais je crois que nos différences nous ont surtout aidés. Lui, faisait la présentation et moi le travail de fond pendant la semaine. Ensemble, nous faisions évoluer les angles, nous étions vraiment complémentaires. J'ai vraiment pris beaucoup de plaisir à faire l'émission avec Gérard. »

Ouverture des vestiaires

Dominique Le Glou est ses équipes poursuivent le travail qu'ils avaient lancé pendant la « période Prudhomme ». Les journalistes de « Stade 2 » font la part belle au reportage et aux sujets longs qui permettent de raconter des histoires humaines et d'aller plus au fond des choses. Les droits du foot sont sur les autres chaînes ? « Stade 2 » part à la découverte des hommes et des femmes qui font ce sport dans les coulisses. Les Bleus ne

Judo Les Français remportent 6 médailles dont 2 d'or aux championnats d'Europe de Rotterdam – **Moto** Valentino Rossi remporte son 7e titre mondial 2006 **Handball** Les Bleus remportent leur premier titre de champions d'Europe – **Football** Les Bleus sont battus

«Grâce à l'émission, nous avons pu nous ouvrir au monde et vivre nos rêves.»
Dominique Le Glou

En 2006, Amélie Mauresmo décroche deux titres du Grand Chelem : l'Open d'Australie et Wimbledon.

sont pas sous contrat avec le service public ? Les équipes trouvent des angles différents pour suivre la Coupe du monde 2006, loin des conférences de presse et des interviews langue de bois. « Nous partions sur les événements sportifs avec cette idée en tête : "Qu'allons-nous pouvoir raconter de différent ?" explique Dominique Le Glou. C'est bien entendu plus compliqué, mais bien plus motivant, car cela permet de ne pas rester à plat sur l'événement. Le journaliste doit choisir un angle, un axe, et surtout mettre de la personnalité dans son reportage. J'ai coutume de dire qu'un journaliste télé écrit non pas avec des mots, mais avec des images. Alors, on travaillait pour faire ces images qui nous permettaient d'aller plus au fond des choses. Il y avait des dossiers de huit à dix minutes sur la maladie et le sport, le dopage, la violence. Mais aussi sur des choses plus positives comme les sujets sur des initiatives qui permettaient aux handicapés de retrouver le sourire et une place dans la société grâce au sport. Nous mettions en place des thématiques. Bref, nous ne faisions pas de la radio filmée, mais de la télévision ! »

Les équipes de « Stade 2 » doivent repenser en permanence l'émission, car ils doivent faire face à une concurrence toujours plus accrue, à la télévision, bien entendu, mais aussi à la radio et sur Internet. « La pression d'audience n'était pas toujours facile à gérer, explique Dominique Le Glou. Tous les lundis matin, je montais au bureau des études et on discutait ensemble des audiences. Parfois, chiffres à l'appui, on m'expliquait que la présence en plateau de tel ou tel journaliste nous faisait perdre des parts de marché. La solution était donc de l'écarter, mais je n'ai jamais voulu fonctionner comme cela. J'ai toujours raisonné en termes d'équipe. Et chaque journaliste apportait sa pierre à l'édifice, il était hors de question d'en sacrifier un. »

Dominique Le Glou et Gérard Holtz se battent pied à pied pour faire évoluer l'émission. Parfois, on leur soumet des propositions venant de l'extérieur. « Je me souviens d'un bureau d'études spécialisé dans le sport qui est venu donner son avis sur les évolutions possibles pour "Stade 2", explique son ancien rédacteur en chef. La veille du rendez-vous, j'ai eu accès à leurs propositions dans lesquelles ces experts nous demandaient d'aller plus souvent vers des sports de jeunes, dans le fun et la glisse. Et quand j'ai regardé sur Internet ce que faisait ce bureau d'études, je me suis aperçu qu'ils participaient à la promotion des produits des sports qu'ils nous conseillaient de mettre à l'antenne. Le lendemain, pendant la réunion, je leur ai expliqué que leur indépendance était quand même discutable sur le sujet et la discussion a tourné court. » En 2005, le sport-business a déjà tout envahi et plus personne ne se pose vraiment la question de le combattre et de limiter son impact. L'argent roi a envahi le sport, tout le monde l'a accepté. Affronter cet état de fait se solderait à coup sûr par une défaite. Pourtant, en interne, Dominique Le

En 2006, Michael Schumacher prend sa retraite.

Michel Platini est élu président de l'UEFA en 2007.

en finale de la Coupe du monde par l'équipe d'Italie aux tirs au but. Zidane est expulsé en prolongations, après un « coup de boule » qui fera le tour du monde – **Tennis** Andre Agassi prend officiellement sa retraite – **Tennis** Amélie Mauresmo remporte

Gérard Holtz, figure emblématique de l'émission.

« Le sport est toute ma vie. Et je suis toujours aussi heureux quand j'enfourche mon vélo. »
Gérard Holtz

En 2007, Teddy Riner, âgé de 18 ans, devient le plus jeune champion du monde des poids lourds.

Glou et Gérard Holtz ne baissent pas les bras. « Diffuser des reportages avec du fond, ce n'est pas la chose la plus simple en termes d'audience. D'ailleurs, on n'en voit pratiquement plus sur les chaînes « premium » aujourd'hui, ils sont relégués sur le câble et le satellite. Mais il ne faut pas penser qu'aux audiences de base, sinon on se dirige inexorablement vers une télé bas de gamme. À "Stade 2", nous avons une mission, faire découvrir le sport, tous les sports. Donner la parole à ceux que l'on ne voit pas ailleurs. Partir voir comment cela se passe ailleurs dans le monde, aux quatre coins de la planète. Bref, nous ne devons pas raisonner simplement en termes de parts de marché. Surtout qu'il n'existe pas de règle absolue qui garantisse de grosses audiences. D'ailleurs, quand les directeurs d'étude, ceux qui donnent des conseils sans jamais les mettre en œuvre, sont parfois devenus directeurs de programmes, ça n'a pas toujours été une réussite. »

Wimbledon et l'Open d'Australie face à Justine Henin-Hardenne – **Natation** Laure Manaudou décroche 7 médailles aux championnats d'Europe à Budapest et porte le record du monde du 400 m nage libre féminin à 04'02''13 – **Cyclisme** L'Américain Floyd Landis

Didier Deschamps, Jean-Pierre Rives et Serge Blanco rendent hommage aux 30 ans de l'émission.

Entres scandales et victoires

De 2005 à 2008, les deux hommes peuvent tout de même surfer sur un football français qui se remet à flamber avec la finale de la Coupe du monde 2006. Mais ils doivent aussi faire face à des affaires de dopage, des scandales à répétition dans le foot ou le cyclisme et à un monde du sport qui perd parfois certaines de ses valeurs. Heureusement, ils peuvent aussi se réjouir de la victoire surprise d'Antoine Dénériaz, lors de la descente olympique des Jeux de Turin en 2006 et de l'incroyable domination de l'Olympique Lyonnais dans le championnat de France.

Mais au bout de trois années, le duo décide de passer la main, sans aucune amertume et avec le sentiment du devoir accompli. « Quand nous avons arrêté avec Gérard en 2008, je suis retourné à mon métier de reporter, explique Dominique Le Glou. J'ai repris les reportages sur le foot, mais je par-

// ARMSTRONG, LA CHUTE D'UNE IDOLE //

On pensait qu'il était le plus grand cycliste de tous les temps. Il était le héros d'une des plus belles histoires du sport moderne où un jeune homme atteint du cancer survit pour devenir le Maillot jaune. Après sept victoires consécutives dans la plus grande épreuve du monde, Lance Armstrong raccroche en 2005 au sommet de sa gloire. Mais déjà, dans les coulisses, les rumeurs bruissent. Le 23 août 2005, le journal sort une enquête titrée « Le mensonge Armstrong », qui accuse le coureur d'avoir eu recours à l'EPO. Pendant des années, le coureur niera l'évidence, mais, après de multiples témoignages de certains de ses anciens coéquipiers, l'Union cycliste internationale lui retirera tous ses titres depuis 1998 et le radiera à vie. Le 18 janvier 2013, il fera des aveux lors d'un grand show à la télé américaine. Lance Armstrong n'était pas le plus grand cycliste de tous les temps. Mais le plus grand tricheur de l'histoire du sport...

remporte le Tour de France, mais ce titre lui sera retiré pour dopage – **Basket** L'équipe d'Espagne devient championne du monde – **Formule 1** Michael Schumacher finit le dernier Grand Prix de sa carrière à la 4e place, au Brésil 2007 **Biathlon** Raphaël Poirée est champion .../...

Raphaël Poirée remporte le championnat du monde de biathlon (20 km) en 2007.

À Pékin en 2008, l'équipe de France de handball est sacrée championne olympique.

«J'ai toujours eu un sentiment de liberté dans "Stade 2".»

Dominique Le Glou

tais aussi à la rencontre de gens sur le Tour de France ou le Dakar. J'étais vraiment heureux de retrouver le terrain.»

Gérard Holtz, lui, retourne sur les grands événements, comme le Tour, les jeux Olympiques ou le Dakar. Fourmillant de projets, toujours branché sur l'actualité, il aime se souvenir de tous ces moments passés autour de la table mythique de l'émission qui l'a fait entrer dans le cœur des téléspectateurs. «À "Stade 2", comme au théâtre, mon autre grande passion, chacun avait un emploi et c'est ce qui faisait son succès, explique le journaliste. "Stade 2" a été la première émission à mettre à l'antenne des rubricards. Je pense que Robert Chapatte a été le pionnier et que des garçons comme Thierry Ardisson et surtout Laurent Ruquier n'ont fait que l'imiter. Et aujourd'hui, ils continuent d'utiliser la recette mise au point par Robert. À "Stade 2", il y avait le grincheux, le gagman, le dynamique, le timide, l'homme de l'info en plus, chacun avait son rôle et le téléspectateur pouvait les reconnaître au premier coup d'œil. Il y avait des oppositions de style, avec de vraies personnalités. Et dans ce métier, c'est ce qu'il y a de plus important. Je continue à dire aux journalistes : "Soyez vous-mêmes !" Car c'est la clé du succès et d'une carrière qui dure.»

Le sport, c'est sa vie !

À l'antenne depuis plus de quarante ans, Gérard Holtz s'y connaît en matière de carrière qui dure. Il pourrait faire encore plus de vélo, partir skier davantage et découvrir d'autres sports s'il se décidait à raccrocher. Mais il veut continuer de partir à la rencontre des athlètes et des amoureux du sport, transmettre sa passion sur les plus grands événements. Sa vie, c'est le sport ; le sport, c'est sa vie !

Dominique Le Glou, lui, a décidé de raccrocher en 2012. «Mes enfants ne m'ont pas beaucoup vu pendant ma carrière, j'étais toujours par monts et par vaux, je ne voulais pas faire la même chose avec mes petits-enfants, précise-t-il. J'ai arrêté après l'Euro, au moment de la disparition de Thierry Roland. J'étais très proche de lui, il me faisait tellement rire quand il était avec nous, au début des années 1980. Thierry, c'était le dernier des monstres sacrés, maintenant il n'y en a plus, c'est fini. Ça m'a fait vraiment drôle de quitter la télé quelques jours après sa mort, mais il était temps de m'arrêter, de laisser la place aux plus jeunes et de passer à autre chose.» Dominique Le Glou continue de suivre le football, mais en simple passionné cette fois. Il ne va plus jamais en tribune de presse et prend place dans les tribunes populaires d'où il suit les matchs avec toujours la même passion, aux côtés des

…/… du monde sur 20 km et annonce la fin de sa carrière – **Football** Michel Platini est élu président de l'UEFA – **Cyclisme** Alberto Contador remporte son 1er Tour de France – **Judo** Teddy Riner devient champion du monde des poids lourds – **WTCC** Sébastien Loeb remporte pour …/…

Les consultants

RAPHAËL IBANEZ

Talonneur quatre fois vainqueur du Tournoi des VI Nations, Ibanez peut se vanter de ses 98 sélections en équipe de France dont 41 fois en tant que capitaine ! Aujourd'hui manager sportif de l'Union Bordeaux-Bègles, il fut également champion d'Angleterre et champion d'Europe avec les Wasps.

Que représentait « Stade 2 » lorsque vous étiez téléspectateur ?
C'était une émission qui m'inspirait. Je suis issu d'une famille marquée par la culture du sport, de tous les sports, donc « Stade 2 » était le rendez-vous incontournable avant d'aller au lit. D'ailleurs, comme j'étais un jeune sportif et que j'aimais la compétition, cela me permettait de m'endormir avec des images et des rêves de champion. Mais j'ai toujours en tête deux images fortes :
- dans la relation journaliste-champion, le moment où Jean-Pierre Rives offre à Roger Couderc son maillot blanc de l'équipe de France taché de sang. C'était émouvant, un symbole fort ;
- la séquence des buts étrangers avec un joueur allemand qui jouait à Hambourg et qui me fascinait : Horst Hrubesch. Chaque dimanche, j'espérais le voir marquer un but de la tête avec son front surdimensionné !

Et comme acteur sur le terrain ?
Passer dans « Stade 2 », c'était une exposition médiatique majeure, une opportunité de toucher un maximum de passionnés de sport. Cela nécessitait une certaine tenue pour apporter la « bonne parole » par respect pour son sport. Une façon de prolonger le match avec une bonne analyse. Pas toujours facile, surtout juste après un match. Je me souviens d'une interview avec Gérard Holtz où j'étais tellement marqué par le combat que ça en était surréaliste. Je n'étais vraiment pas dans le coup, après une victoire en Écosse. À la maison, personne n'avait rien compris à ce que j'avais dit et on m'avait trouvé très bizarre... C'est vrai que c'était difficile pour moi de passer du combat à l'analyse, un exercice sans filet où je m'étais bien raté *(rires)*.

Et en tant que consultant ?
Lorsque je suis sur le plateau de « Stade 2 », je deviens admiratif des autres invités présents. C'est un exercice qui me demande beaucoup de concentration. C'est une grande responsabilité et une contrainte forte liée au temps de parole. Chaque terme est important parce que je veux transmettre en quelques mots certaines valeurs, comme la générosité. Là où je ne me sens vraiment pas à ma place, c'est lorsque je dois me transformer en intervieweur, cela me pose un vrai problème.

.../... la 4e fois consécutive le titre de champion du monde – **Boxe** Brahim Asloum, gagne la ceinture WBA dans la catégorie mi-mouche – **Patinage artistique** À Tokyo, le Français Brian Joubert gagne le titre mondial 2008 **Cyclisme** Grégory Baugé, Kévin Sireau et Arnaud Tournant .../...

John McEnroe et Björn Borg, adversaires de toujours.

« J'ai préféré quitter la télévision à 62 ans pour laisser la place aux plus jeunes »
Dominique Le Glou

spectateurs. Il n'a jamais été supporter de telle ou telle équipe, il aime les beaux gestes, le talent, l'émotion et la passion qui parcourt les stades. Et il continue, chaque dimanche ou presque, à regarder « Stade 2 ». « J'y vois toujours des choses formidables, explique-t-il. "Stade 2" est, bien entendu, différent de celui que j'ai connu à mes débuts en 1980, différent de celui que je faisais avec Gérard Holtz en 2005, mais il est toujours là, bien vivant. Le monde a évolué, le sport a évolué, la télévision a évolué. C'est comme ça, je ne vais pas dire que c'était mieux avant, c'était différent, c'est tout. Aujourd'hui, j'ai arrêté, je suis passé à autre chose et voilà. »

Dominique Le Glou et Gérard Holtz ne sont pas du genre à se dire que le passé n'était qu'une longue rivière de miel. Ils ont certes connu la période dorée où « Stade 2 » était seul au monde, mais déjà, tout n'était pas toujours simple. Et ils soutiennent cette nouvelle équipe qui se bat, dimanche après dimanche, pour écrire de nouvelles pages de l'histoire de l'émission. Et s'ils soutiennent la jeune garde, c'est qu'ils savent que le jeu en vaut vraiment la chandelle.

« "Stade 2" m'a permis d'être heureux, explique Dominique Le Glou avec une réelle émotion dans la voix. Car, franchement, une vie de reporter de sport, c'est Byzance. C'est fabuleux, on touche à tout et si l'on a envie d'ouvrir les yeux, on découvre le monde, on découvre la vie des autres. J'ai adoré mon métier de reporter de sport à "Stade 2". C'est la vie que j'ai rêvée d'avoir. Et c'est la vie rêvée que j'ai eue... »

Brahim Asloum, médaillé d'or, est sacré champion du monde WBA des mi-mouches en 2007.

.../...sont médaillés d'or en vitesse par équipe aux championnats du monde sur piste – **Athlétisme** Usain Bolt bat le record du monde du 100 en 9"72, lors du meeting de New York. Un record qu'il battra le 16 août pour l'établir à 9"69 lors de la finale des JO de Pékin

SÉBASTIEN LOEB
PUISSANCE 9

Neuf fois champion du monde rallye WRC, Sébastien Loeb est une légende du sport auto. En rallye, son bilan est tout simplement époustouflant : en 168 courses, il a presque remporté la course une fois sur deux, avec 78 victoires, et cumulé 116 podiums, soit une place dans les 3 premiers deux fois sur trois…

Pour vous, « Stade 2 », ça évoque quoi ?
Lorsque je repense à mon enfance et à mon adolescence, je me souviens que je n'étais pas un accro de la télé. Pourtant, même si je ne regardais pas « Stade 2 » tous les dimanches, cette émission me donnait l'impression d'être un repère. Elle a pour moi toujours existé et c'est la seule qui m'ait marqué à ce point. Pour moi, à ce moment-là, « Stade 2 », c'est Gérard Holtz ! Je regarde un peu tous les sports, mais j'étais toujours très heureux de suivre des reportages sur la gymnastique et les gymnastes, car c'est mon sport de base, celui que je pratique assidûment à cette époque de ma vie.

En fait, je ne suis pas un grand connaisseur de sport, encore moins un passionné et surtout pas un fan. Je n'ai pas le souvenir d'avoir eu des idoles. J'ai suivi par exemple le duel Prost/Senna, mais sans que cela ne me réveille la nuit.

Une fois acteur du monde sportif, quels rapports avez-vous entretenu avec l'émission ?
Quand je me suis lancé dans le rallye, j'ai vécu « Stade 2 » autrement puisque je ne pouvais plus regarder l'émission, j'étais dedans. Après la course, je ne me posais jamais la question de savoir si je devais participer ou non à l'émission : l'interview avec les reporters de France 2 ou le duplex en direct était automatique. Ça n'a jamais été une contrainte ; d'une part, parce que c'était bien de le faire, mais aussi parce que c'étaient des entretiens « propres », sans polémique entre connaisseurs. Comme le rallye, d'une certaine façon, c'est d'aller vers les gens, de passer près d'eux ; faire « Stade 2 », c'était aussi être au contact de ceux qui n'étaient pas sur place.

Avez-vous des souvenirs particuliers de plateau ?
Moi qui n'aime pas trop les plateaux télé, il me semble que je ne suis allé qu'une seule fois sur celui de « Stade 2 ». *(On le lui confirme avec un souvenir particulier.)* Ah oui, c'est vrai, j'étais venu avec mon copilote Daniel Elena, et vous m'avez demandé de faire un salto arrière sur place, c'est ça ? Et je l'ai réalisé sans échauffement ! Je suis fou. Mais bon, je l'ai réussi sans me faire mal, grâce à mes bons restes de gymnaste.

« Cette émission me donnait l'impression d'être un repère. Elle a pour moi toujours existé et c'est la seule qui m'ait marqué à ce point. »

stade 2
2008

stade2
stade2
2012

« Je n'ai jamais voulu
faire autre chose que
de travailler à "Stade 2".
Quelle chance, j'ai eue ! »

Lionel Chamoulaud

LES ANNÉES
LIONEL CHAMOULAUD

En devenant capitaine de l'équipe « Stade 2 », Lionel Chamoulaud va faire grandir autour de lui toute une génération de jeunes journalistes. Formé par le trio magique Chapatte-Couderc-Roland, il va jouer, lui aussi, le rôle du grand frère qui sait passer le témoin aux héritiers des rois du sport.

Peut-être encore davantage que les autres présentateurs qui ont fait les belles heures de l'émission, Lionel Chamoulaud a toujours voulu travailler à « Stade 2 ». « En première au lycée, lorsque j'ai rempli la fiche de renseignement demandée en début d'année, dans la case : "Que souhaitez-vous faire plus tard", j'ai inscrit : "Journaliste à 'Stade 2'", précise-t-il. C'est dire si je n'ai jamais eu envie de faire autre chose ! » Et comme son père était preneur de son à Radio France Limoges, ce milieu ne lui était pas totalement étranger. « Bien entendu, quand j'étais ado, je ne ratais aucune émission, précise-t-il. Mais je ne regardais pas seulement "Stade 2" pour le sport. Je me sentais familier avec les hommes qui étaient autour de la table. Comme on dit, ils me "parlaient", je me sentais proche d'eux. Et je ne rêvais que d'une chose : travailler à leurs côtés. »

Au nom du sport…

Alors, quand Lionel Chamoulaud passe le concours de l'École de journalisme de Bordeaux, il postule immédiatement pour faire un stage d'été à « Stade 2 », mais personne ne répond à son CV. Le jeune journaliste fait déjà des piges pour la presse locale et un soir d'avril 1981, au Parc des Princes, tandis qu'il couvre les Girondins de Bordeaux qui étaient venus affronter le PSG, il rencontre Pierre Salviac en tribune de presse, un homme qui connaissait bien son père. « Je l'avais déjà croisé plusieurs fois et, ce soir-là, il m'a dit : "Alors, 'le Chat' (c'était le surnom de mon père et il m'appelait de la même manière), pourquoi tu ne vas pas voir

2008 **Football** L'Espagne remporte l'Euro face à l'Allemagne. L'Olympique Lyonnais décroche pour la 7e année consécutive le titre de champion de France – **Tennis** Jo-Wilfried Tsonga est …/…

Patrick Montel, journaliste passionné.

Lionel Chamoulaud reçoit l'équipe de France de basket féminine, championne d'Europe en 2008.

« Les équipes du service des sports continuent de me surprendre et de m'épater ! »

Lionel Chamoulaud

Robert pour qu'il te fasse bosser ?" Quand je lui ai répondu que j'avais envoyé une candidature, mais que je n'avais pas eu de réponse, il m'a dit qu'il allait me prendre rendez-vous pour le lendemain avec Chapatte. » Le jeune Chamoulaud repousse donc sur-le-champ son retour pour Bordeaux de vingt-quatre heures, se débrouille pour envoyer ses papiers sur le match de Paris et arrive, le cœur plein d'espoir, au siège d'Antenne 2, dès le lendemain. Josette Glos, la secrétaire du grand patron, qui, chose incroyable, deviendra quelques années plus tard la propre assistante du jeune homme qui est devant elle, regarde dans l'agenda de Robert Chapatte, mais n'y trouve pas trace d'un rendez-vous pris par Pierre Salviac. Lionel Chamoulaud argumente un peu, mais se résout à repartir de Paris sans avoir vu l'homme qu'il admire tant. Heureusement, l'assistante est touchée par le jeune homme et s'arrange pour qu'il rencontre le patron du service des sports d'Antenne 2. « J'ai passé cinq minutes dans son bureau, explique-t-il. Pas plus. Mais pour moi, c'était déjà énorme, j'avais rencontré Robert Chapatte ! » Quelques semaines plus tard, Guy Benaïche, un des coordinateurs du service des sports, l'appelle pour lui dire qu'il a vu son CV et qu'il souhaite le rencontrer pour remplacer Gilles Cozanet qui quittait la rédaction. « Il fallait venir tout de suite et j'avais un contrat dans une radio bordelaise qui courait jusqu'à la fin juin, explique Lionel Chamoulaud. Du coup, je ne suis pas venu passer l'entretien et j'ai bien cru que "Stade 2", c'était fini pour moi ! » Par chance, Lionel Chamoulaud se voit finalement proposer un stage d'été fin juin et arrive à Antenne 2 le 1er juillet. À la fin de ce stage, on lui propose de rester deux mois de plus. Fou de joie, il accepte et décide de quitter définitivement Bordeaux. Ces quatre mois passés avec ses idoles ont fini de le convaincre : sa vie professionnelle se fera à « Stade 2 » et nulle part ailleurs, même si cela doit être compliqué.

À cette époque, on ne peut pas faire plus de quatre mois de stage dans la même entreprise. Son contrat expirait un mercredi et le lundi matin, il se rend donc à ce qu'il croit être sa dernière conférence de rédaction. Thierry Roland, qui dirigeait ce jour-là la grand-messe en l'absence de Robert Chapatte, lui confie un reportage sur le Paris Football Club. « Je lui ai dit que je ne pouvais pas le faire, car mon contrat s'arrêtait quarante-huit heures plus tard, précise Lionel Chamoulaud. Mais Thierry m'a dit : "Ne pense pas à ça, je m'occupe de tout, c'est toi qui fais ce reportage, c'est tout, il n'y a pas à discuter !" Et c'est lui qui s'est arrangé avec l'administrateur pour me faire un contrat de pige sur trois jours de la semaine sur l'émission "Samedi Sport", ce qui m'a permis de rester dans l'équipe. Je lui ai

…/… vainqueur de son 1er grand tournoi, en battant David Nalbandian en finale du Masters de Paris-Bercy, le propulsant ainsi au 7e rang mondial 2009 **Handball** L'équipe de France est championne du monde en Croatie – **Saut à la perche** Renaud Lavillenie établit le …/…

Usain Bolt, 1er athlète triple recordman (100 m, 200 m et relais 4×100 m) aux jeux Olympiques de 2008.

En 2009, Renaud Lavillenie franchit la barre des 6 m.

rappelé l'anecdote des années plus tard, mais il m'a affirmé qu'il ne s'en souvenait pas. C'est pourtant grâce à lui que je suis resté au service des sports. C'était ça, Thierry, une générosité incroyable et une très grande pudeur. » Tout s'enchaîne alors très vite pour Lionel Chamoulaud qui intègre l'équipe qui le faisait rêver quand il était adolescent. Un an plus tard, il finit par signer un vrai contrat et devient un membre à part entière de « Stade 2 ». Et là encore, il s'en souvient comme si c'était hier. « Robert Chapatte, en fin de conférence de rédaction, annonce qu'il y a enfin un contrat pour un jeune journaliste. Tout le monde me regarde en coin, persuadé que mon nom va sortir. Et Robert dit : "C'est Alain Vernon !" Estomaqués, les cadres se retournent vers le patron et lui disent : "Ben, Robert, et Lionel alors ?" Moi, comme vous pouvez l'imaginer, je ne peux pas parler, car je suis décomposé. Et là, Robert me regarde, avec un air étonné, en me disant : "Mais je lui ai déjà dit, à Lionel, que c'était bon aussi pour lui, non ?" Eh non, il avait oublié de me le dire ! Heureusement, ces quelques secondes de stress intenses ont très vite été oubliées. Et à la limite, ma joie était encore plus forte : je faisais enfin partie de "Stade 2" et rien n'était plus important pour moi ! »

Formé sous l'œil des « barons »

Lionel Chamoulaud n'a que 21 ans. Dans cette rédaction à la richesse humaine incroyable, il se nourrit chaque jour de l'expérience des piliers de « Stade 2 ». « Pour moi, c'était vraiment incroyable de me dire que je travaillais avec des gens de ce talent, précise-t-il. Je suis arrivé si jeune qu'ils ont fait une partie de l'individu que je suis devenu aujourd'hui. Ils ont été essentiels à ma vie de journaliste, mais aussi à ma vie tout court. J'ai beaucoup appris d'eux, c'étaient des journalistes, mais aussi des hommes hors du commun à la fois sur et en dehors du plateau. »

Le service des sports d'Antenne 2 a fait venir de jeunes pousses comme Lionel Chamoulaud pour faire évoluer un peu les choses et apporter une touche de modernité à l'émission. Et, il faut bien l'avouer aussi, une touche de rigueur dans un monde qui commençait à bouger. Roger Couderc, pour ne citer que lui, n'allait jamais en salle de montage pour faire les sujets. Avant l'antenne, il n'avait pas vu les tableaux de résultats et faisait tous les commentaires en direct, une chose inimaginable aujourd'hui. Avec Alain Vernon et Dominique Le Glou, Lionel Chamoulaud est là pour apporter une pointe de jeunesse, permettre à ces « barons » de rester éveillés, mais aussi pour entrer en contact avec la nouvelle génération de sportifs qui ont le même âge qu'eux. Tous ces jeunes journalistes ne rêvent que d'une chose : s'asseoir autour de

…/… record de France à 6,01 m – **Football** L'En Avant Guingamp, qui évolue en Ligue 2, gagne la Coupe de France, une première depuis 1959 – **Formule 1** Le pilote anglais Jenson Button est sacré champion du monde – **Football** Karim Benzema est transféré de Lyon au Real Madrid …/…

Le pilote anglais Jenson Button sacré champion du monde de F1 en 2009.

Thierry Dusautoir, l'homme politique Philippe Séguin, Sébastien Chabal et Franck Ribéry, invités de Lionel Chamoulaud.

la fameuse table de « Stade 2 » qui obéit à des règles intangibles. Robert Chapatte est bien entendu toujours au centre, avec à sa droite Roger Couderc et à sa gauche Thierry Roland. Viennent ensuite les autres piliers de l'émission et au bout, tout au bout, pratiquement sur un strapontin, il y a parfois une petite place pour un jeune journaliste…

Un soir de février 1981, Lionel Chamoulaud prend place sur cette chaise. La veille, on lui a dit de prendre une cravate pour le dimanche, le message subliminal qui signifie qu'il va apparaître en plateau. « C'était pour un sujet sur le biathlon avec Yvon Mougel, qui était alors le roi de la discipline et médaille de bronze aux championnats du monde, explique-t-il. J'étais légèrement tendu, comme on peut l'imaginer. J'avais tout appris par cœur sur le sujet, sur le ski et sur le tir, pour être vraiment incollable. Mais les *boss* de "Stade 2" ont été gentils avec moi et, finalement, tout s'est bien passé. » Au sein de l'équipe, il a été décidé depuis longtemps que la jeunesse ne devait pas partir au front, en première ligne, avant de savoir se défendre. Robert Chapatte avait pour habitude de protéger les jeunes journalistes en ne les mettant pas à l'antenne trop tôt. Il voulait qu'ils soient prêts pour ne pas qu'ils se brûlent les ailes trop vite sur ce plateau qui pouvait faire peur et gonfler les têtes. « Robert était très humain, mais aussi très exigeant, poursuit Lionel Chamoulaud. Il voulait que les gens restent humbles, ne se prennent pas au sérieux parce qu'ils passaient à la télé. Mais, surtout, il voulait toujours être bluffé, il voulait qu'on le surprenne. » Tous les journalistes partent en reportage avec cette notion en tête et Lionel Chamoulaud réalise un coup de maître lors d'un banal sujet sur les championnats de France d'athlétisme junior à Montgeron. En arrivant dans le stade, il décide de suivre le concours de saut en hauteur et, par chance, Franck Verzy bat ce jour-là le record de France. Le journaliste part à la rencontre de l'athlète et lui demande de le suivre à Paris pour participer à « Stade 2 ». Bien entendu, le nouveau recordman accepte et, à 16 heures, ils montent tous les deux dans l'une des CX Citroën du service des sports et arrivent aux studios un peu avant 17 heures. Pendant l'émission, Dominique Duvauchelle annonce que le record de France a été battu et, au même moment, Lionel Chamoulaud pousse un Franck Verzy tout timide sur le plateau. « Le lendemain, Robert m'a félicité en conférence de rédaction en disant que c'était ce genre de coups qu'il voulait voir, précise le journaliste. On annonçait un record tombé quelques heures auparavant, le nouveau roi de la discipline arrivait sur le plateau de "Stade 2", la boucle était bouclée et Robert était heureux de montrer que son équipe était sur tous les fronts. »

…/… pour 35 millions d'euros – **Athlétisme** Usain Bolt établit le nouveau record du 100 m à 9"58 – **Voile** Michel Desjoyeaux remporte le Vendée Globe en 84 j 3 h 9 min, nouveau record de l'épreuve 2010 **JO (ski)** Jason Lamy-Chappuis (combiné nordique) et Vincent Jay (biathlon)…/…

Raymond Domenech annonce la grève des Bleus, à Knysna, pendant la Coupe du monde 2010.

«Pour les athlètes, venir à "Stade 2" était vraiment une fête. Malheureusement, aujourd'hui, certains se prennent un peu trop au sérieux.»

Lionel Chamoulaud

Sur le terrain non stop !

Pour les JO de Los Angeles en 1984, Lionel Chamoulaud se souvient d'un autre coup qu'il n'est pas près d'oublier. Il se propose pour travailler de nuit avec Jo Choupin afin de coordonner les épreuves. « Pour moi, les Jeux de Los Angeles ont été le premier show télé de sport, précise-t-il. Après cette olympiade, Jo m'a dit qu'il avait un trou dans la programmation et m'a proposé de faire deux heures de rétro. J'ai accepté à une seule condition : je voulais le faire avec Jean-Paul Jaud, un jeune réalisateur qui m'avait épaté, en particulier avec les images qu'il avait proposées lors de la finale de la Coupe de France 1983 quand José Touré a inscrit son fameux "but brésilien". C'était la première fois que l'on voyait un but filmé de cette manière. Jean-Paul a accepté et, en treize jours et treize nuits, on a montré un truc incroyable. Pendant ces deux semaines, il s'est passé un truc, on était inspirés, on vivait là, on mangeait là, on dormait là. Nous avons senti que nous faisions un truc vraiment à part et notre rétro a été diffusée. Le journaliste Christian de Montaignac écrit un gros papier dithyrambique dans *L'Équipe*, la chaîne américaine ABC parle de racheter le programme, je suis persuadé que Robert Chapatte va me féliciter, mais en conférence de rédaction il me dit : "C'était peut-être un peu long, non ?" J'étais déçu, mais, six ou sept mois après, il m'a convoqué dans son bureau pour m'expliquer qu'on lui avait montré la rétro à un festival de télé et là, il m'a dit que c'était génial. En fait, il n'avait pas vu le documentaire le jour de sa diffusion et il était capable, lui, le grand Chapatte, de m'avouer ce petit mensonge. C'était un immense bonhomme, quoi. »

Pendant ses premières années à « Stade 2 », Lionel Chamoulaud est très proche de Roger Couderc, un homme qu'il

Mondial 2011 : Morgan Parra et le XV de France battus par les Blacks en finale.

« "Stade 2" a marqué l'histoire de la télévision française. »
Lionel Chamoulaud

9e Grand Chelem pour les Bleus : en 2010, le XV de France remporte la finale du Tournoi des VI Nations face au pays de Galles.

Admiral

Laurent Fignon raconte son combat contre la maladie…

… quelques mois avant sa disparition.

« Je mesure la chance d'avoir travaillé avec d'immenses professionnels pendant toutes ces années. »

Lionel Chamoulaud

vénère et qu'il respecte. « J'ai adoré côtoyer cet homme, précise le journaliste. C'est le plus grand commentateur de l'histoire. Il avait un talent et une voix incroyables. J'étais très triste quand il est mort, surtout que j'ai dû travailler sur sa nécrologie. Daniel Bilalian, qui présentait le 13 Heures à ce moment-là, m'a demandé de trouver un rugbyman pour témoigner. Jean-Pierre Rives était trop touché pour le faire et m'a dit d'appeler Robert Paparemborde qui est venu sur le plateau. On a lancé des images d'un essai avec les commentaires de Roger et quand on est revenus en plateau, tout le monde pleurait. L'émotion était là, naturelle et forte. » Lionel Chamoulaud descend ensuite dans le Sud-Ouest pour assister aux funérailles de Roger Couderc. « Quelques jours plus tard, Robert Chapatte m'a convoqué dans son bureau pour me remercier d'être venu en me disant : "Vous savez, beaucoup de gens de la rédaction ne sont pas venus, car il fallait payer soi-même son billet d'avion. C'est bien d'être venu, Lionel." Pour moi, c'était juste normal, je n'avais pas réfléchi un seul instant, il fallait que je sois là pour le dernier hommage à Roger Couderc. Robert a alors sorti une boîte à cigares et l'a ouverte. Elle était remplie de notes de restaurant. Il m'a dit : "Prenez-en deux, faites une note de frais et je vous la signerai moi-même." J'ai trouvé que c'était vraiment un bel hommage à son ami de toujours. »

La « *Dream Team* » des journalistes

Pendant toutes ces années, Lionel Chamoulaud se nourrit de ces hommes à part. « Léon Zitrone venait en plateau, les meilleurs étaient là, précise-t-il. Au cours de ma carrière, je n'ai bossé qu'avec des références dans leurs domaines. Je sentais que j'étais dans la « *Dream Team* » et l'on se disait, entre jeunes, que l'on devait garder cet esprit-là, ne jamais l'oublier, car fatalement, on allait être amenés un jour à prendre le relais. »

Durant la deuxième moitié des années 1980, Lionel Chamoulaud se met à commenter le tennis. « En 1985, Christian Quidet, le nouveau patron des sports, m'a demandé de commenter la finale de Yannick Noah au tournoi de Rome en me disant : "On va la faire ensemble pour voir ce que vous valez…" Et comme il a vu que ça se passait bien, il m'a confirmé pour commenter le tennis et m'a donné le rôle de joker de Gérard Holtz quand celui-ci était appelé sur d'autres événements. » De 1985 à 1992, le journaliste présente donc de nombreux « Stade 2 ». Il connaît la maison sur le bout des doigts, a des amis très proches dans la rédaction et conserve le soutien des aînés.

En 1995, quand Patrick Chêne décide de partir présenter le 13 Heures, le nom de Lionel Chamoulaud circule même pour devenir le numéro 1. « Mais Jérôme Clément et Elkabbach voulaient tout changer, explique le journaliste. Le sport n'était pas vraiment leur domaine, mais ils voulaient à tout prix faire du neuf. Alors, ils ont fait venir Pierre Sled, qui a fait un super-boulot. En particulier avec Pierre Salviac comme rédacteur en chef. "Stade 2" a adopté un ton encore plus journalistique, on a commencé à travailler sur le dopage, l'argent qui devenait omniprésent. Pour nous, qui avions connu une période où tout ou presque était rose, c'est la fin d'une forme d'innocence. Mais le sport avait changé, tout comme la société et "Stade 2" se devait d'évoluer. »

En 2000, Lionel Chamoulaud est nommé rédacteur en chef du service des sports par Charles Biétry, alors patron des

…/… établit le record de France du 100 m à 9"98 et devient le 1er sprinteur blanc à passer sous les 10". Il réalise un triplé aux championnats d'Europe en remportant la médaille d'or sur 100 m, 200 m et avec le relais 4 x 100 m – **Football** L'Espagne gagne la Coupe du monde en battant…/…

L'équipe d'Espagne sacrée championne du monde de football en 2010.

En 2010, l'OM remporte le doublé Championnat/Coupe de la Ligue.

sports du groupe France Télévisions. « J'ai remplacé une fois Christian Prudhomme à la présentation de "Stade 2", mais ensuite, Charles Biétry n'a plus voulu que je le fasse. Je ne sais toujours pas pourquoi, mais avec Charles, parfois, il ne fallait pas chercher à comprendre… *(rires)* »

Les stars du sport sur le plateau

Quand Daniel Bilalian arrive, avec une vraie culture France Télévisions, tout change à nouveau. Après avoir remis à l'antenne Gérard Holtz en 2005, pour montrer qu'il tient compte de l'héritage des « glorieux anciens » de « Stade 2 », il nomme Lionel Chamoulaud, redevenu joker numéro 1, comme titulaire en mai 2008. « "Bil" m'a demandé de lui présenter un projet pour la saison suivante, explique le présentateur. Comme Gérard voulait arrêter, c'était le bon moment pour moi. Alors, je me suis mis au travail pour trouver des pistes afin de faire progresser "Stade 2". Je ne supportais pas de voir les sportifs venir dans d'autres émissions, comme "Le grand journal", et plus chez nous. L'idée était de faire venir des invités, pertinents, en phase avec les attentes et l'actualité. Je souhaitais faire plus de duplex, être au cœur des événements pour redevenir l'émission incontournable du sport. Et je voulais que le public soit au cœur de l'émission. Je me suis souvenu d'une émission quelques années auparavant où l'on était parvenus à faire venir sur le plateau Björn Borg et John McEnroe. On les avait annoncés et ils étaient entrés sur le plateau dans un silence de cathédrale, froid et glacial. À ce moment-là, je me suis dit qu'il fallait vraiment du public, car mettre à l'image deux stars de ce calibre sans applaudissements et sans frissons, ce n'était pas possible. L'émission était découpée en trois parties : un tiers d'images, un tiers de reportages, un tiers de plateau avec des invités. Le projet a été accepté, et nous nous sommes lancés avec Régis Colin et François Brabant. On travaillait beaucoup, on tentait des coups et c'était très excitant. Pour certains journalistes, c'était plus difficile, car ils avaient l'impression qu'on leur volait du temps de reportage pour recevoir les invités. Mais "Stade 2" refaisait parler de lui et très vite, l'immense majorité de la rédaction nous a suivis. La première saison, Guy Carlier tenait une chronique qui faisait beaucoup parler d'elle. Il balançait des "scuds" qui étaient souvent repris dans la presse. Sur le plateau, il y avait de la vie, il se passait des choses, c'était formidable. »

Durant cette période, des émissions fortes marqueront l'histoire de « Stade 2 ». Comme celle où Franck Ribéry et Sébastien Chabal occuperont ensemble le même plateau. Le footballeur est alors au sommet de sa gloire et de sa fraîcheur. L'affaire Zahia est encore loin et « Francky » est heureux comme un enfant

…/… les Pays-Bas grâce à un but d'Andrés Iniesta, inscrit dans les prolongations. La France, humiliée par la grève des joueurs, a été éliminée dès le 1er tour 2011 **Handball** L'équipe de France conserve son titre de championne du monde en battant le Danemark en finale – **Football** Le LOSC

// NADAL, EMPEREUR DE ROLAND //

En 2005, lorsqu'il bat Roger Federer en demi-finale, Rafael Nadal débute un règne sans partage ou presque sur la terre battue de Roland-Garros. 2005, 2006, 2007, 2008, 2010, 2011, 2012, 2013 et 2014, l'Espagnol soulève neuf trophées. Et en 2008, après sa victoire, il s'empare de la première place du classement mondial. Son lift en coup droit, avec une balle qui rebondit très haut devant son adversaire et bloque toute tentative d'attaque, sa défense incroyable en font le roi de la terre battue. Pour lui, chaque point est une balle de match et il ne lâche jamais rien. Porte d'Auteuil, ses supporters sont toujours aussi nombreux et ne se lassent pas de le voir gagner, encore et encore. Et chaque année, il vient parfaire son français, sur la terrasse de France Télévisions et à « Stade 2 », avec un sourire désarmant qui tranche avec le regard noir de tueur qui le caractérise parfois sur le court...

JO de Londres Steeve Guénot décroche le bronze en lutte gréco-romaine.

Nouveau triplé aux JO pour Usain Bolt.

d'être invité à « Stade 2 ». Ce qui n'est pas le cas du rugbyman qui a été un peu contraint par sa fédération à venir participer à l'émission. L'un est hilare, l'autre fait la tête, le résultat est à la hauteur et cette rencontre improbable permet à l'émission de réaliser une des plus grosses audiences de la période. Et puis il y a cette émission très émouvante où Laurent Fignon parle pour la première fois de la maladie qui le frappe et qui finira par l'emporter. Quelques jours après sa mort, le 31 août 2010, une émission hommage de « Stade 2 » sera diffusée et recevra la récompense de la meilleure émission spéciale décernée par *L'Équipe Magazine*. « Nous avons eu de très beaux invités durant cette période, explique Lionel Chamoulaud. C'était toujours difficile à monter, cela demandait énormément de temps et d'énergie, mais cela me paraissait normal que les stars du sport viennent dans "Stade 2". Je me souviens que nous avons fait venir Usain Bolt. Son agent nous avait prévenus qu'il ne pouvait rester que cinq minutes, mais il est finalement resté une demi-heure avec nous. Dans "Stade 2", j'ai aussi eu la chance de faire la seule et unique interview télévisée de la plus belle femme du monde, Charlotte Casiraghi, la princesse de Monaco, qui était venue nous parler de sa passion pour l'équitation. On a fait des coups, car on était sur place au bon moment, on se bougeait, on était vraiment toujours en alerte pour être au cœur de l'actualité. Pour bien parler de sport et faire de bonnes émissions, c'est essentiel, il faut être au cœur de l'événement... » Même si, parfois, les conditions de tournage sont un peu houleuses. Le dimanche suivant, pour le titre de champion de France 2010, « Stade 2 » a été retransmis en direct de la Canebière. Très vite, des supporters un peu trop bouillants se sont mis à insulter et à siffler les invités présents sur le plateau et les CRS ont dû intervenir après l'émission pour permettre à l'équipe de

réalise le doublé Coupe de France-championnat. L'AS Monaco descend en Ligue 2, après 34 saisons passées en Ligue 1. Le fonds d'investissement de l'État du Qatar rachète le PSG – **Rugby** L'équipe de France est battue en finale de la Coupe du monde par la Nouvelle-Zélande, .../...

repartir en toute sécurité. Dans une ambiance bien plus feutrée, Lionel Chamoulaud garde un excellent souvenir de la venue de Roger Federer, un joueur qu'il connaît bien, après sa victoire à Roland-Garros. « Là encore, les gens de l'ATP voulaient qu'il ne reste que cinq minutes, précise le présentateur. Mais, lui, il voulait revoir les images de sa victoire, alors il est resté plus longtemps. Comme il avait froid aux jambes, je lui ai prêté mon imper. Ensuite, on lui a fait écouter Éric Canteloup qui l'imitait à merveille, une chose qu'il n'avait jamais entendue. Nous lui avons montré l'image de Jean Gachassin, le président de la Fédération française de tennis qui avait voulu mettre une "beigne" au type qui était entré sur le court pendant le match, bref on ne l'a pas lâché et lui, il est resté heureux sur le plateau pendant trente minutes, uniquement parce qu'il passait de bons moments à "Stade 2". Et je suis persuadé qu'il s'en est souvenu lors de la finale de la Coupe Davis en octobre 2014, car il a traversé tout le court pour venir me parler alors que l'organisation voulait qu'il rentre aux vestiaires. L'important est de nouer ce genre de lien, de complicité. Les gens aiment voir ça et ça permet de faire de belles émissions, car les sportifs vous parlent et sont détendus avec vous. »

Toujours sur le Central

Durant les quatre « années Chamoulaud », « Stade 2 » élargit son spectre d'invités. Des politiques passionnés de sport ou anciens athlètes, comme Philippe Séguin ou Chantal Jouanno, viennent en direct. « J'étais fier de faire cette émission, se souvient le présentateur. Pour moi, "Stade 2" c'est le 20 Heures

La nageuse Camille Muffat, triple médaillée…

…Et le nageur Florent Manaudou, 1er champion olympique français du 50 m nage libre.

« Comme nous n'avons pas accès à toutes les images, il faut se montrer encore plus créatifs pour trouver de nouveaux angles de reportage. »
Lionel Chamoulaud

Les consultants

PHILIPPE CANDELORO

Durant sa carrière, il a obtenu les médailles de bronze aux JO 1994 à Lillehammer et à ceux de 1998 à Nagano. Vice-champion du monde en 1994 et médaille de bronze en 1995. Il devient vice-champion d'Europe en 1997 et 4 fois champion de France de 1994 à 1997. Réputé pour son originalité et sa créativité, il a d'ailleurs inventé une série de sauts pieds joints en avant et une pirouette sur les genoux qui porte son nom ainsi que le « back-flip ».

Que représente « Stade 2 » pour vous en tant que téléspectateur ?
C'est un moment de détente. La plupart du temps, je regarde l'émission seul, je ne suis pas issu d'une famille de sportifs. J'ai commencé le sport par la natation, mais les maîtres-nageurs m'énervaient, ils n'arrêtaient pas de hurler ! Mes idoles à l'époque ? Yannick Noah a été déterminant pour les sportifs français, il a donné envie de gagner. Et puis Michel Platini et Bernard Hinault parce qu'ils faisaient la pub pour Fruité et je me disais que quand je serais champion, moi aussi je ferais la pub de cette boisson. En réalité, j'ai bien fait une pub, mais pour un parfum.

Et comme acteur sur le terrain ?
Ce qui m'impressionnait au début de ma carrière, c'était de voir « en vrai » les journalistes qui venaient nous interviewer et que je voyais gamin à la télé. Quand je leur serrais la main, j'avais l'impression de serrer la main du président de la République. Au début, j'avais un peu de mal en interview, je bégayais souvent, mais, à force, ça s'est amélioré, j'ai fini par trouver mon style, à me décontracter. Pourtant, quand on faisait un reportage sur moi dans « Stade 2 », je me mettais la pression, je tenais à bien raconter une histoire, quelque chose d'original car pour moi, c'était une grande reconnaissance. Avant, c'était exceptionnel de passer à la télé, maintenant, avec les réseaux sociaux, ton image est partout.

Et en tant que consultant ?
Je me retrouve avec des gens que j'admirais, que j'adulais. Sincèrement, surtout pour les plus anciens de l'époque, je me suis rendu compte du talent et du métier que vous avez pour durer aussi longtemps. C'est un métier très dur finalement, je dis bravo ! J'aimerais être plus souvent sollicité, le patinage, c'est de novembre à mars et après plus rien. On pourrait le vendre mieux et peut-être me solliciter sur d'autres disciplines. Je sais très bien jouer les néophytes et poser des questions basiques sur des sports que je ne connais pas. Ça ne me gêne pas dans ces conditions de passer pour un con. Ça, un journaliste aurait plus de mal à le faire, non ?

…/… en même temps les deux 1res médailles d'or françaises de cette compétition 2012 **Football** Montpellier est champion de France – **Football** L'Espagne bat l'Italie 4 à 0 en finale et remporte l'Euro – **JO (natation)** Camille Muffat (400 m nage libre), Amaury Leveaux, Fabien Gilot,

À Londres, Renaud Lavillenie est médaillé d'or de saut à la perche.

Tony Estanguet remporte la 3e médaille d'or de sa carrière…

…Et Marie-Amélie Le Fur, athlète paralympique, enlève trois médailles.

du sport. C'est la référence. Et c'était intéressant de faire bouger un peu les choses durant ces quatre ans et demi. Même si, côté vie privée, c'était dur, car cela demandait beaucoup de disponibilités et de temps. Mais j'ai passé de très, très belles années à la tête de "Stade 2". Du coup, pour ma dernière en tant que présentateur, j'ai ressenti une vraie émotion. À la fin, j'ai dit, face caméra, pour m'adresser directement aux téléspectateurs : "C'était la dernière émission de 'Stade 2' que je présentais. Et vous allez me manquer"… »

Mais s'il quitte le fauteuil au centre de la table de l'émission, Lionel Chamoulaud ne quitte pas le service des sports et « Stade 2 ». Il continue de suivre et de commenter les plus grands tournois de tennis. Chaque année, lors de la quinzaine de Roland-Garros, sa voix chaleureuse, reconnaissable entre mille, transmet à des millions de téléspectateurs sa passion pour cette petite balle jaune qui frappe la terre ocre. Sur le Central, il continue de vivre le rêve éveillé de son adolescence. À « Stade 2 », il est « le plus ancien, mais pas le plus vieux », comme il le dit souvent. Car quand un homme a la chance d'être celui qu'il voulait être quand il avait 16 ans, il n'est jamais vieux…

Clément Lefert, Yannick Agnel, Alain Bernard, Jérémy Stravius (4x100 m) et Florent Manaudou (50 m nage libre) se couvrent du même métal et sont les rois des bassins – **JO (basket)** L'équipe féminine est médaille d'argent – **JO (judo)** Teddy Riner est toujours le roi du monde (médaille d'or)

TONY PARKER

LE POINT DU VUE DE « TP »

International français de basket-ball, il est le premier joueur français à avoir été sacré champion NBA, mais aussi le premier joueur européen récompensé par un titre de MVP des finales en 2007. Champion d'Europe en 2013, sacré meilleur joueur et meilleur marqueur du championnat, il a joué 149 fois avec le maillot français.

Quels sont tes premiers souvenirs de l'émission en tant que téléspectateur ?
Je me souviens avoir vu en 1994 un portrait de Zinedine Zidane qui évoluait à Bordeaux. C'était avant qu'il ne devienne le joueur qui nous a tous fait rêver. Il devait avoir une vingtaine d'années *(21 exactement)* et on le présentait comme le grand espoir du football français. De mon côté, j'allais sur mes 12 ans. J'avais arrêté le foot pour me consacrer au basket, mais c'était un sport que je continuais à suivre. Quand j'y repense, jamais je n'aurais pu imaginer qu'il allait connaître cette carrière incroyable.

Te souviens-tu de la première fois que « Stade 2 » t'a sollicité pour l'émission ?
Je crois que c'est en 2001, lorsque j'ai été drafté par les San Antonio Spurs. Un sujet avait été réalisé durant l'été avant que je ne prenne la direction du Texas. Je vois encore les images de ma mère sur la plage de Fécamp avec notre chien.

Tu as été invité à plusieurs reprises sur le plateau : quels moments as-tu gardés en mémoire ?
Je me souviens très bien de l'après-Londres en 2012. J'avais eu le plaisir de participer à mes premiers JO et, à côté de ça, les filles avaient réalisé un exploit extraordinaire en atteignant la finale. J'avais donc été invité sur le plateau alors que mon amie Céline Dumerc était en duplex. C'était un moment très sympa de se retrouver tous les deux dans la même émission.

Tu regardes parfois l'émission depuis les States ?
Malheureusement, le décalage horaire n'est pas dans le bon sens pour moi. Lorsque l'émission débute, je finis mon entraînement. Mais ça m'arrive de temps en temps d'aller faire un tour sur le site Internet de « Stade 2 » pour regarder quelques sujets.

« J'avais été invité sur le plateau alors que mon amie Céline Dumerc était en duplex. C'était un moment très sympa. »

2012

AUJOURD'HUI

« Tous les dimanches,
je me dis que j'ai
vraiment beaucoup
de chance de présenter
une telle émission. »

Céline Géraud

LES ANNÉES
CÉLINE GÉRAUD

Quatre décennies après sa naissance, « Stade 2 » est toujours aussi jeune. Et pour incarner cette incroyable fontaine de jouvence de tous les sports, qui de mieux que Céline Géraud, une ancienne judokate de haut niveau se battant sur tous les fronts pour conserver la fougue et la passion de cette institution...

Céline Géraud est une vraie héritière de Robert Chapatte, le fondateur de « Stade 2 ». Comme si, avec l'arrivée de cette journaliste à la tête de la plus vieille émission sportive de la télévision française, la boucle était enfin bouclée. Elle l'est, car, comme Robert Chapatte, elle a été sportive de haut niveau avant de s'asseoir à la table de « Stade 2 ». Avant d'être journaliste, elle a connu les joies, les doutes, les espoirs et les atermoiements des athlètes. Du coup, elle les connaît encore mieux. Pour la native de Forbach (Moselle), les médailles et les trophées n'ont pas été remportés sur un vélo, mais sur un tatami. Championne de France 1984, championne d'Europe la même année et médaille d'argent aux championnats du monde de 1986, Céline Géraud rate de peu une sélection pour les jeux Olympiques de 1992. Heureusement, cette année-là, une bonne nouvelle va chasser la tristesse de cette non-sélection. « J'ai toujours voulu être journaliste. Enfin, au début, je voulais être détective privée, mais j'ai choisi journaliste sportive ! plaisante Céline Géraud. Alors en parallèle de ma carrière de judokate, j'ai commencé par faire le Celsa. Mais le directeur de cette école de communication m'a virée, car j'étais athlète de haut niveau et qu'il voulait des élèves qui se consacrent à 100 % à leurs études. Par chance, j'ai pu entrer au Centre de formation professionnelle des journalistes et obtenir mon diplôme grâce à un cursus aménagé pour me permettre de me consacrer en parallèle aux compétitions. J'avais déjà commencé à piger vers 16 ans pour *La Nouvelle République du Centre* et à France 3 Orléans. Bref, j'avais ça dans le sang. Et en 1992, alors que j'étais vraiment déçue de ne pas partir aux jeux Olympiques de Barcelone, des copains journalistes ont soufflé mon nom à Patrick Chêne qui cherchait une journaliste

2012 **JO (saut à la perche)** Renaud Lavillenie remporte l'or à Londres, avec un saut à 5,97 m, record olympique – **JO (handball)** Les Tricolores remportent une nouvelle médaille d'or .../...

Céline Géraud renouvelle l'équipe de « Stade 2 ».

« J'ai la chance de travailler dans une équipe soudée, formée de journalistes qui avancent ensemble, avec le même but. »
Céline Géraud

pour l'été. Il m'a proposé un stage d'un mois, puis il m'a gardée comme pigiste pendant cinq ans à "Tout le sport". Et voilà, comment mon aventure à France Télévisions a commencé... »

Du tatami au plateau de télévision

Après avoir abandonné la compétition, Céline Géraud peut se consacrer à 100 % à son nouveau métier de journaliste sportive. Et collaborer ponctuellement à « Stade 2 », un rêve pour elle, qui aime tous les sports. « "Stade 2" a vraiment bercé mon enfance, poursuit-elle. Tous les dimanches, avec mes parents et mes frères, on ne ratait jamais l'émission. Entre l'école, les devoirs, les compétitions, je me rends compte que c'était pratiquement le seul moment où l'on pouvait se poser, tous ensemble et passer un vrai moment en famille. Pour moi, Robert Chapatte, Roger Couderc, Richard Diot, Jean-Paul Ollivier, c'étaient "les Quatre Fantastiques". Ils étaient les héros de mon enfance, ils savaient tout et me montraient des images incroyables dont je me souviens encore. Je me rappelle, par exemple, des débuts de Patrice Martin en ski nautique. Je ne sais pas pourquoi, mais cette image est toujours ancrée en moi. "Stade 2", pour ma famille, c'était sacré. Et franchement, j'étais loin d'imaginer y travailler et encore moins la présenter un jour ! »

En 1993, pourtant, Patrick Chêne décide de la lancer dans le grand bain. Céline Géraud intervient pour la première fois sur le plateau de « Stade 2 » en proposant un reportage sur un championnat de bras de fer. Elle revient très régulièrement sur le plateau, commente les grandes compétitions de judo, notamment le combat inoubliable de David Douillet aux jeux Olympiques de Sydney en 2000 et présente chaque week-end, « Tout Le sport », jusqu'en 2005, année où elle quitte France Télévisions. « Je trouvais que je n'avançais plus, explique-t-elle. J'ai été sportive de haut niveau et j'ai toujours besoin de me "challenger", alors j'ai préféré aller grandir un peu ailleurs. » Pendant quatre ans, elle présente « L'Île de la tentation », puis « Automoto » sur TF1 et, en 2008, elle retrouve Patrick Chêne sur la chaîne Orange Foot que l'opérateur vient de créer. Tous les samedis soir, elle anime « Ligue 1 Football Tour », après les journées de championnat de France de football. En mai 2012, faute d'avoir obtenu de nouveaux droits de diffusion, l'aventure de cette chaîne se termine et Céline Géraud trouve refuge sur l'antenne de RMC, où elle commente les jeux Olympiques de Londres. Mais avant de partir pour ces Jeux, elle est appelée pour présenter une émission de quiz sur le sport que France Ô voulait diffuser pendant l'été. « On a enregistré ces émissions sur le plateau de "Stade 2", car c'était en plein Roland-Garros et que leur émission se faisait donc en

2013 **Voile** François Gabart remporte le Vendée Globe en établissant un nouveau record de 78 jours et 2 h 16 – **Ski** Marion Rolland (descente) et Tessa Worley (slalom géant) remportent la médaille d'or aux championnats du monde de ski alpin organisés à Schladming (Autriche) – .../...

En 2013, Stéphane Peterhansel remporte son 5e Paris-Dakar.

Alexis Pinturault, médaillé de bronze de slalom géant à Sotchi en 2014.

direct de la terrasse, explique la présentatrice. Sur le plateau, j'ai croisé Rémy Pflimlin, alors patron de France Télévisions. On a discuté un peu, il a senti que j'étais disponible et comme les dirigeants de la chaîne travaillaient sur une nouvelle formule de “Stade 2”, mon nom est entré naturellement dans la boucle. » Pendant l'été, Céline Géraud rencontre régulièrement les dirigeants de France Télévisions et arrive à la rédaction le 15 octobre pour un démarrage prévu le 5 janvier 2013. « L'intégration s'est faite naturellement, car je connaissais tout le monde ou presque, explique la journaliste. C'est toujours plus simple dans ces conditions, car on a déjà ses marques. Mais la première émission que j'ai présentée reste pour moi un grand moment. Je ne suis pas du tout dans le “*girl power*”, j'ai toujours détesté le fameux “regard féminin”. Je trouve ça “neuneu”, car mon approche est très judo. Dans le sport de haut niveau, on fait les choses, bien ou pas, que l'on soit un garçon ou une fille. Mais tout le monde me disait : “Tu es la première fille à présenter l'émission depuis quarante ans, c'est énorme !” Alors j'ai décidé d'assumer le truc, mais de ne pas le mettre en avant et de ne surtout pas en faire un étendard. Lors de la première, j'étais comme avant une compétition. J'avais la boule dans le ventre, j'étais pressée de rentrer sur le plateau et quand le générique est parti, la boule de stress s'est évacuée progressivement, comme lors des grosses compétitions de ma carrière, pour ne laisser place qu'au plaisir. »

Évolution mais pas révolution !

Titrée dans un sport individuel, Céline Géraud affirme ne jouer que pour le collectif. Pendant toute la semaine, elle aime l'idée de faire partie d'un groupe, d'être un maillon de cette aventure qui aboutit à l'antenne chaque dimanche soir.

…/… **Football** L'équipe de France des moins de 20 ans, emmenée par son capitaine Paul Pogba, devient championne du monde – **Formule 1** Michael Schumacher est victime d'un grave accident de ski à Méribel 2014 **JO (biathlon)** Martin Fourcade remporte 2 médailles d'or et 1 …/…

En 2012, Didier Deschamps prend la tête de l'équipe de France.

François Gabart remporte le Vendée Globe 2013.

Nicolas Geay rencontre Van der Westhuizen, un Springbok atteint de la maladie de Charcot.

« Ce qui me plaît le plus, c'est de présenter une émission mythique et en direct, bien entendu, mais c'est aussi de travailler en équipe, précise la journaliste. J'adore le côté bande, j'aime passer le ballon, créer du lien, avancer ensemble. J'aime qu'une idée naisse d'un groupe, qu'elle grandisse grâce à l'action de chacun. Voir un reportage bien conçu à l'antenne, parti d'un embryon d'idée lancé en conférence de rédaction, voilà ce qui me rend fière. »

Depuis 2013, Céline Géraud a tenté d'apposer sa patte sur l'émission, prudemment car elle sait qu'une émission mythique et quarantenaire ne doit pas être complètement bouleversée.

« Il fallait faire évoluer sans révolution, précise-t-elle. Par petites touches, détail après détail. Je pense que nous avons réussi à mettre encore plus d'énergie. Nous avons restructuré, compartimenté, bref nous avons "rangé le salon". Mais nous avons surtout voulu mettre encore plus de joie, de bonne humeur et d'humour dans "Stade 2". Il faut avoir de la dérision, surtout sur nous-mêmes. Le sport, sauf à de très rares exceptions, doit avant tout être un moment festif. Et puis, il ne faut surtout pas oublier que l'on peut tout traiter avec sérieux, mais en ayant le sourire. »

L'équipe de « Stade 2 » se bat, dimanche après dimanche, pour attirer de nouveaux téléspectateurs, plus jeunes, pour faire venir des femmes devant le programme, tout en prenant garde de ne pas laisser sur le bord de la route les plus anciens. « On ne veut surtout pas oublier ceux qui nous suivent depuis toujours, explique Céline Géraud. Il faut savoir évoluer, changer, mais on n'oublie jamais l'ADN de "Stade 2". La table est toujours là, par exemple, car elle a un côté rassurant et il faut la conserver. Mais tous les lundis, quand on a les courbes d'audience, on se remet en question. Et c'est très excitant. C'est comme le sport de haut niveau, rien n'est jamais acquis. Quand les audiences sont moyennes, je vois ça comme une contre-perf, comme quand j'étais judokate de haut niveau et que je ratais une compèt. Quand elles sont bonnes, ma semaine est belle comme lorsque je gagnais une belle médaille. "Stade 2", c'est du sport de haut niveau ! »

François Brabant, ancien présentateur de « Stade 2 » et actuel directeur de la rédaction du service des sports, abonde dans ce sens. « Il faut faire évoluer l'émission sans la dénaturer et la révolutionner, poursuit-il. À la télévision, on ne doit pas "violenter les gens", on doit leur offrir ce qu'ils viennent chercher. Tout changer reviendrait à dire que tout le monde s'est

.../... médaille d'argent à Sotchi – **JO (ski)** Steve Missillier et Alexis Pinturault sont médailles d'argent et de bronze en slalom géant – **Handball** Les Tricolores remportent le championnat d'Europe. Ils ne sont plus « les Experts », mais « les Invincibles » – .../...

En 2013, aux championnats du monde de ski alpin en Autriche, Tessa Worley remporte l'or du slalom géant…

L'animatrice Céline Géraud, 1re femme aux commandes de l'émission.

«J'ai toujours aimé la compétition. Et me battre pour faire les meilleures émissions possibles est vraiment très excitant car rien n'est jamais acquis»

Céline Géraud

trompé et ce, depuis toujours. Bien entendu, nous devons évoluer, car le monde évolue, mais changer ne veut pas dire faire une émission complètement différente, car ce ne serait plus "Stade 2". Au contraire, nous pensons qu'il faut en quelque sorte la sanctuariser. Pour les fans de sport, la référence doit rester "Stade 2" pour faire le tri entre le faux et le vrai, le spectaculaire et le banal, l'indispensable et l'accessoire. Dans "Stade 2", on montre ce qu'il fallait voir dans la semaine et ce qui compte vraiment. C'est un point d'ancrage, un point de référence pour tous les amoureux de sport. Nous devons nous battre pour que "Stade 2" continue de grandir davantage, semaine après semaine. C'est pour cela que l'on ne doit pas s'endormir et la faire évoluer. Il y a une tradition, des racines fortes et c'est une force que n'ont pas les autres émissions. "Stade 2" se régénère, car la concurrence nous pousse, nous intégrons

… et Marion Rolland décroche la médaille d'or de descente.

…/… **Saut à la perche** Renaud Lavillenie bat le record du monde en passant 6,16 m à Donetsk (Ukraine) – **Football** L'Allemagne élimine les Bleus de Didier Deschamps en quart de finale et remporte la Coupe du monde en battant l'Argentine 2015 **Handball** L'équipe de France …/…

Les Français champions du monde en relais 4×100 m nage libre à Doha en 2014.

Zlatan Ibrahimović franchit début 2015 la barre symbolique des 100 buts inscrits pour le Paris Saint-Germain.

« Je ne suis pas du tout dans *le "girl power"*. »

Céline Géraud

du sang neuf, on rajeunit, on apporte un ton nouveau. Bref, nous faisions vivre l'émission. »

De nouveaux visages et de nouvelles voix font régulièrement leur apparition dans l'émission et s'ils n'ont pas encore l'aura et le statut d'icône que pouvaient avoir leurs glorieux aînés, certains semblent partis pour une longue et prometteuse carrière. « Aujourd'hui, l'émission est suffisamment forte pour fonctionner sans grandes figures tutélaires comme dans les "années Chapatte", poursuit François Brabant. Mais cette émission permet toujours de faire ressortir des personnalités fortes. Matthieu Lartot, pour ce ne citer que lui, est très emblématique. Il incarne le rugby à la télé à travers ce qu'il a fait à "Stade 2" avant même de commenter les matchs. Et sa participation à "Stade 2" l'a aidé et l'aide encore à s'imposer dans ce nouveau statut. »

Ces jeunes journalistes, épaulés par leurs aînés qui ont débuté à « Stade 2 » dans les

…/… remporte pour la 5e fois les championnats du monde en battant le Qatar en finale – **Football** Le Paris Saint-Germain réalise un triplé historique en remportant le championnat, la Coupe de la Ligue et la Coupe de France. Mais il chute une nouvelle fois en quart de finale …/…

// USAIN BOLT, L'ÉCLAIR DE JAMAÏQUE //

Il aime dévorer de la junk food et raffole des pignons de poulets frits, arrosés d'un bon soda. Dès qu'il entend de la musique, son corps bouge, ce grand corps acéré comme une lame, loin des stéréotypes des sprinteurs bodybuildés à outrance. Et quand il met en marche sa foulée incroyable qui peut atteindre 2,70 m, il est tout simplement irrésistible. Il est si brillant, si fort, qu'il en paraîtrait presque inhumain. Avec ses records de 9"58 pour le 100 m, de 19"19 aux 200 m et de 37"04 au 4x100 m, il est l'homme le plus rapide du monde. Aux JO de Londres de 2012, il conserve ses trois médailles d'or sur les trois distances reines et entre dans la légende, tout en conservant cette fraîcheur et ce sens du spectacle qui font lever les foules. Tout comme lors de ses nombreux passages dans « Stade 2 » où son sourire, son sens de l'humour et sa décontraction font des ravages...

années 1980 ou 1990, rivalisent d'idées pour offrir des choses vraiment différentes aux fidèles du grand rendez-vous sportif dominical. Parmi les émissions marquantes, Céline Géraud retient en particulier celle où la rédaction a pu réunir Laure Manaudou et Philippe Lucas.

Dans les coulisses du sport

« Cela faisait plus de deux ans et demi qu'ils ne s'étaient pas vus, précise la présentatrice. C'était un très beau coup. Les deux ensemble, c'était formidable, car il s'est vraiment passé un truc entre eux, ce soir-là. Philippe Lucas, derrière ses gros biceps et ses colliers bling-bling, est quelqu'un de très pudique. Tout comme Laure Manaudou, qui a aussi un côté cash assez déroutant. Les voir se parler à nouveau était vraiment très touchant et j'étais contente d'être là, au cœur de l'événement. » Mais à « Stade 2 », il se passe aussi des choses hors du plateau, lorsque les journalistes de la rédaction

Martin Fourcade, double champion olympique de biathlon à Sotchi en 2014.

.../... de la Ligue des champions contre le Barça de Lionel Messi – **Football** Le 2 juin, Sepp Blatter démissionne de la FIFA, à la suite des révélations de corruption qui éclaboussent l'organisme qui gère le football dans le monde – **Tennis** L'Espagnol Rafael Nadal perd pour .../...

// « STADE 2 », LE SPORT, TOUS LES SPORTS //

« Stade 2 » est la seule émission où l'on parle de tous les sports. Et ce, depuis toujours. Bien entendu, le cyclisme, le rugby, le tennis ou le football ont toujours eu une place à part dans les émissions, mais les autres disciplines n'ont jamais été oubliées. Si « Stade 2 » n'avait pas existé, aurait-on connu l'inénarrable Jacques Secrétin, le roi du ping-pong spectacle ? Si « Stade 2 » n'était pas sorti des sentiers battus, se souviendrait-on encore de Patrice Martin, « le Petit Prince » blond du ski nautique ? Les petites fédérations sportives auraient-elles pu continuer à recruter des athlètes sans l'émission phare du service des sports de France Télévisions ? Les skieurs de fond, les adeptes du biathlon, de curling ou de patinage de vitesse avaient toujours leur moment à eux dans « Stade 2 », quand les autres chaînes se contentaient de diffuser quelques images des descentes ou des slaloms, les épreuves dites « reines » des sports alpins. On y a parlé de 50 km marche, d'haltérophilie, de lutte gréco-romaine, de lancer de disque ou de tir à l'arc. À « Stade 2 », il n'y a jamais eu de mises à l'écart et dès l'instant que l'effort, les exploits et la sueur versée étaient au rendez-vous, les caméras de « Stade 2 » les accompagnaient. Aujourd'hui, l'équipe en place continue de faire découvrir de nouvelles disciplines, pour sortir des sentiers battus des sports que tout le monde connaît, mais aussi et surtout pour maintenir l'état d'esprit fondateur. « Stade 2 » restera toujours le terrain de tous les sports...

partent en reportage. « Ce dont je suis assez fière, explique Céline Géraud, c'est d'avoir créé une bande et surtout d'avoir impliqué toutes les générations de journalistes, les anciens comme les plus jeunes. Face à la concurrence, dans un monde où l'on a accès à toutes les infos en instantané, il faut que "Stade 2" apporte autre chose. C'est pour cette raison que nous n'hésitons pas à mettre de côté une info qui tourne en boucle depuis vingt-quatre heures sur toutes les chaînes et sur tous les réseaux. Notre vraie plus-value repose sur le reportage, les grands formats qui incarnent la marque "Stade 2". On a les droits des jeux Olympiques, du Tour, de Roland-Garros, du rugby et on sait proposer des reportages que peu de gens savent faire. Aujourd'hui, les journalistes sont heureux et surtout fiers de l'émission qu'ils font et ça, c'est formidable, car on sait pourquoi on se bat. Il y a des émissions qui resteront longtemps dans les mémoires comme celle où nous avons diffusé le documentaire sur les Springboks de 1995 touchés par des maladies incurables. Nous avons pu lancer le débat, et nous avons apporté quelque chose que l'on n'avait pas vu ailleurs. » Pour ce reportage de dix-huit minutes, diffusé le 23 mars 2014, Nicolas Geay, l'un des journalistes de la rédaction, a réalisé une enquête de plus de quatre mois. En Afrique du Sud, il a pu recueillir les témoignages d'anciennes gloires de l'équipe nationale de rugby, championne du monde en 1995, touchées par des scléroses en plaques et autres maladies mortelles. En voyant l'interview de la star Joost Van der Westhuizen, diminuée par la maladie de Charcot qui finira par l'emporter, les téléspectateurs de « Stade 2 » ont pu découvrir la face cachée de cette sélection mythique dont de nombreux éléments ont avoué avoir eu recours au dopage. Le même Nicolas Geay, épaulé par Marco Bonarrigo, un journaliste indépendant italien, proposera quelques mois plus tard, le 16 novembre 2014, un autre reportage explosif sur les derniers jours du coureur cycliste Marco Pantani. Enquête de police bâclée, zones d'ombre sur l'autopsie pratiquée sur l'ancien champion, le sujet a soulevé de nombreuses questions. « Cette contre-enquête a très bien fonctionné en termes d'audience, précise Céline Géraud. Et nous avons beaucoup été repris dans les médias à l'étranger, ce qui nous rend toujours très fiers ! »

Le 3 mai 2015, un reportage de Pierre-Étienne Léonard diffusé dans « Stade 2 » a également fait beaucoup parler dans le monde sportif. Pendant trente jours, le journaliste a suivi un groupe de cobayes qui ont accepté de se doper sous contrôle médical pour montrer que leurs performances explosaient, tout en restant indétectables par les contrôles antidopage. Bref, « Stade 2 » continue de faire l'actu et de faire découvrir les coulisses et les dessous de tous les sports.

.../... la 2e fois en 11 participations le tournoi de Roland-Garros. Une défaite en 3 sets, contre le Serbe Novak Djokovic, numéro 1 mondial – **France** Les sportifs Camille Muffat, Alexis Vastine et Florence Arthaud disparaissent dans un accident d'hélicoptère –

2014, triplé olympique historique pour les Français Jean-Frédéric Chapuis, Arnaud Bovolenta et Jonathan Midol, en épreuve de skicross.

«Nous voulons ouvrir "Stade 2" à d'autres univers pour le faire grandir davantage.»
Céline Géraud

Un nouveau regard

Mais pour attirer de nouveaux fidèles, la rédaction de «Stade 2» n'hésite plus à faire venir sur le plateau des invités un peu plus décalés. «Je sais que certains nous ont beaucoup critiqués pour ce choix éditorial, mais le sport permet d'ouvrir tous les champs du possible, tient à préciser Céline Géraud. C'est pour cela que nous avons essayé d'inviter des stars qui n'étaient pas des sportifs. Nous avons eu par exemple Patrick Bruel qui nous a parlé du championnat du monde de poker et de football. L'acteur Guillaume Canet est venu dans "Stade 2" afin de nous faire vivre sa passion pour l'équitation. Il a réalisé un film merveilleux sur Jappeloup et nous avons pu, à travers lui, raconter à nouveau l'histoire de ce petit cheval inoubliable et de son cavalier Pierre Durand. Guillaume Canet était très heureux d'être là, et, durant l'émission, il s'est passé un truc, un peu magique. On lui a même proposé de faire les news en direct, ce qu'il a fait avec joie, car il regardait souvent "Stade 2", lorsqu'il était enfant. L'émission a très bien marché et nous avons prouvé que l'on pouvait s'ouvrir à un autre public. Bien entendu, le sport et son actualité restent notre priorité, il ne s'agit pas

Patinage artistique Le couple français Gabriella Papadakis et Guillaume Cizeron remporte les championnats d'Europe à Stockholm avant d'être sacrés champion du monde de danse sur glace à Shanghai – **Football** Les États-Unis remportent la Coupe du monde féminine

« Je suis très fière lorsque nous sortons des scoops et que nous faisons avancer les choses. »

Céline Géraud

En 2015 au Qatar, Nikola Karabatic et les « Experts » rebaptisés « Invincibles » à l'issue de leur 3e victoire en championnat du monde.

13
8
L'Artisanat
L'Artisanat
RENAULT RENT
LOCATION DE VÉHICULES
FDJ

Les consultants VINCENT JAY

Biathlète français, il a remporté 2 médailles lors des jeux Olympiques d'hiver en 2010 à Vancouver, faisant de lui le premier Français à remporter une médaille d'or en sprint 10 km. Sa victoire olympique en sprint compte également comme une victoire en Coupe du monde.

Que représentait « Stade 2 » lorsque vous étiez télé-spectateur ?
« Stade 2 », pour moi, ça veut dire un dimanche soir à la maison. Ça représente la culture du sport français. Un des rares moments multisports à la télévision, et comme j'aimais tous les sports, je suis rapidement et naturellement devenu un vrai fan.

Et comme acteur sur le terrain ?
Bénéficier d'une visibilité dans cette émission, c'était simplement « énorme » pour un sport comme le mien. Quand je voyais débarquer les journalistes comme Emmanuel Lefort ou André Garcia, je me disais que c'était une récompense et une promotion formidable pour le biathlon.

Et en tant que consultant ?
C'est l'occasion de travailler avec de grands pros, d'échanger, c'est très formateur. Quand tu te retrouves sur le plateau sous le feu des projecteurs, il existe une vraie appréhension. Tous les regards se portent sur toi, un peu comme en course. Après l'émission, faire un débriefing, c'était aussi pour moi un peu comme me retrouver face à mes entraîneurs et écouter pour essayer de me perfectionner, de m'améliorer. C'est une démarche qui me plaît. J'adore travailler et apprendre, et j'ai des yeux de petit garçon à l'idée de passer du temps avec les journalistes.

face au Japon – **Basket** L'équipe féminine s'incline en finale face à la Serbie lors des championnats d'Europe – **Ski alpin** Jean-Baptiste Grange est pour la 2e fois champion du monde de slalom – **Formule 1** Le jeune pilote Jules Bianchi décède des suites de

Christopher Froome remporte son 2e Tour de France en 2015.

1re victoire à Roland-Garros du Suisse Stanislas Wawrinka face à Novak Djokovic.

de faire du people à outrance, mais il ne faut pas se l'interdire. »

C'est ainsi que François Cluzet a lui aussi été l'invité de « Stade 2 » à l'occasion de la sortie de son film *En solitaire* qui traitait de voile, tout comme Clovis Cornillac, qui a endossé le rôle de cycliste pour le long-métrage *La Grande Boucle*, sorti en juin 2013. Si la rédaction de « Stade 2 » tient à s'ouvrir vers d'autres univers, c'est parce que, aujourd'hui, dans le petit monde étrange du sport-business, les athlètes ne veulent pas toujours venir dans des émissions sportives, préférant les grands talk-shows ciblés plus grand public. « La vraie difficulté que nous avons, et c'est une vraie souffrance pour moi, c'est d'attirer les très grandes stars du sport, précise Céline Géraud. On a lancé des invitations à Zlatan, aux grandes stars du foot, mais c'est toujours difficile, surtout pour les faire venir sur le plateau. Dernièrement, nous avons pu convaincre Usain Bolt, Jo-Wilfried Tsonga ou Jean-Baptiste Grange de participer *via* une interview enregistrée et, finalement, nous nous sommes aperçus que c'était très bien aussi, car les sportifs sont plus détendus quand il n'y a pas de public. On peut obtenir des infos différentes et avoir un peu plus de "biscuit" qu'en plateau. Bref, à "Stade 2", on se remet toujours en question et c'est formidable. Rien ne ronronne, tout bouge, on cherche des solutions, c'est vraiment excitant. »

En plateau, pendant l'émission, Céline Géraud n'hésite pas à faire venir à ses côtés les journalistes pour présenter le sujet qu'ils ont réalisé et qui va être diffusé. Elle passe le ballon, le reprend quand il faut, elle joue collectif et l'ambiance s'en ressent. Petit à petit, les téléspectateurs voient naître une nouvelle famille « Stade 2 ». « Tous les dimanches, je me dis que j'ai vraiment de la chance de présenter une telle émission, explique Céline Géraud. Quand le générique part, j'ai toujours la petite boule au ventre, comme lorsque je commençais un combat. Je suis concentrée, mon corps et mon esprit sont entièrement tournés vers mon objectif. Ensuite, je suis dans mon match et tout va bien. Je prends un plaisir sans cesse renouvelé, car ça bouge, on avance et l'on grandit ensemble. Avec "Stade 2", je me sens vivante, incroyablement vivante. Car "Stade 2" est vivant, incroyablement vivant… »

Serena Williams remporte son 3e titre à Wimbledon.

ses blessures après un grave accident survenu au Japon – **Cyclisme** Le Britannique d'origine kényane Chris Froome remporte son 2e Tour de France – **Escrime** Les Françaises décrochent le bronze en équipe au fleuret lors des championnats du monde à Moscou.

TEDDY RINER
« L'INVINCIBLE »

Évoluant dans la catégorie des poids lourds (+ de 100 kg), Teddy Riner détient actuellement le record avec 7 titres de champion du monde. Il a également été sacré champion olympique à Londres en 2012. Quadruple champion d'Europe, il est à ce jour invaincu depuis 2010.

« Stade 2 », ça a commencé comment pour vous ?
Avec mon père, c'était « Stade 2 » tous les dimanches avec l'incontournable Gérard Holtz. On regardait tout du début à la fin : les résultats, les résumés, les magazines, tout ! Quand je dis « avec mon père », il y avait souvent toute la famille en fait.

Tout jeune, vous étiez déjà fou de sport, alors ?
Du plus loin que je me souvienne, j'ai toujours fait du sport. À 5 où 6 ans, j'essayais tout : le foot, le squash, le tennis, le basket, le judo, j'adorais ça. D'ailleurs, à l'école Sainte-Marie-des-Batignolles, dans le XVIIe arrondissement de Paris, avec mes copains, on essayait de reproduire les gestes, les réactions, les émotions, les célébrations des grands sportifs que l'on avait vus dans « Stade 2 ».

Vous vous souvenez de la première fois où vous êtes passé dans « Stade 2 » ?
Ah oui *(rires)*. C'était au Tournoi de Paris, je devais avoir 9-10 ans, je m'étais calé derrière Céline Géraud et le commentateur qui était avec elle, je me suis plié en quatre pour que ma tête soit exactement entre eux deux. J'étais mort de rire car le cadreur me demandait de bouger, de partir et je restais là pour que tout le monde me voie. Ma famille était hilare et fière à la fois : je suis rentré chez moi en héros, j'étais passé à « Stade 2 » !

Et plus officiellement ?
En 2005, je pense, mais ça m'a moins marqué. Après, c'est devenu plus régulier, j'étais souvent invité ou sollicité pour des reportages. J'avais toujours le débrief de la famille en rentrant : « T'étais mal habillé, t'étais trop maquillé, tu n'as pas assez parlé... » Ils voulaient tous que je sois parfait ! J'adore de toute façon passer dans cette émission parce que je m'y sens comme chez moi. Je suis dans mon élément, je rencontre d'autres sportifs, c'est cool !
Tu te rappelles d'ailleurs, Lionel, on a joué sur le plateau au basket avec Tony Parker. Il y avait un panier et Tony n'a pas voulu shooter, moi j'ai raté tous mes tirs et toi, t'as réussi un super-shoot, c'était énorme *(rires)* !

Justement, j'ai eu la chance avec vous de présenter en tandem un « Stade 2 » spécial fin d'année.
Ah, c'était top ! J'ai adoré, je me suis amusé quand j'ai reçu votre proposition, j'ai dit oui tout de suite. Et j'ai bossé, parce que vous m'avez donné de vraies responsabilités, il fallait que je trouve de bonnes questions pour être à la hauteur de tous les autres champions qui étaient autour de vous. Ça, c'est tout ce que j'aime ! D'ailleurs, je demande à Laurence Dacoury (sa responsable en communication) de me trouver des plans comme ça, ça reste vraiment un super-souvenir...

« Avec toute la famille, on regardait tout du début à la fin : les résultats, les résumés, les magazines, tout ! »

INDEX

ORIGINE DES DOCUMENTS PHOTOGRAPHIQUES

Panoramic : 15H ; 16 ; 20-21 ; 22-23 ; 26D ; 27 ; 29 ; 38-39 ; 40B ; 42B ; 43B ; 44 ; 45H ; 47 ; 52B ; 53 ; 55H ; 56D ; 57H ; 59BD ; 60H ; 62-63 ; 65D ; 67 ; 72D ; 73 ; 75BG ; 79 ; 80 ; 81BD ; 82-83 ; 90 ; 92HG&D ; 94B ; 98 ; 99G&D ; 100G ; 101B ; 109D ; 110G ; 112G ; 114G ; 116 ; 117G ; 124-125 ; 126-127 ; 128 ; 129B ; 131 ; 132 ; 133B ; 141 ; 142G ; 143HG ; 143B ; 147G ; 148 ; 149 ; 150 ; 151H ; 159 ; 160HG ; 162 ; 163 ; 165 ; 168 ; 169

Presse Sports : 14G ; 15B ; 24D ; 26G ; 30-31 ; 34 ; 35B ; 36 ; 40H ; 41B ; 42H ; 43H ; 45B ; 52H ; 54 ; 56G ; 58 ; 59HG ; 61H ; 64 ; 72G ; 74H ; 78H ; 81HG ; 85 ; 86-87 ; 91H ; 94H ; 96-97 ; 100HD ; 101H ; 103 ; 110D ; 113 ; 114D ; 115 ; 117D ; 119 ; 130B ; 135 ; 140 ; 143 ; 144-145 ; 147D ; 151B ; 153 ; 160 HD ; 161 ; 164 ; 166-167 ; 169 ; 171

INA : 13 ; 14D ; 18-19 ; 24G ; 25 ; 26BG ; 35H ; 37 ; 41H ; 55B ; 57B ; 60B ; 61B ; 65HG ; 74B ; 75D ; 76-77 ; 78 ; 81D ; 91B ; 92-93 ; 95 ; 108-109 ; 111 ; 112D ; 129H ; 130H ; 133H ; 142 ; 143HD ; 146 ; 148B ; 158 ; 160B ; 161

France Télévisions : 8-9, 48-49 France Télévisions© / DR ; 12 Jean Pimentel ; 17 Claude Douce ; 68-69, 120-121, 124 Gilles Scarella ; 99B Xavier Gassman ; 104-105 Charlotte Schousboe ; 136-137, 154-155 Gilles Gustine

Couverture : Marie-Jo Pérec et Teddy Riner/Presse Sports ; Bernard Hinault/ Panoramic ; Photo de groupe/France Télévisions DR ©

Quatrième de couverture : Lionel Chamoulaud, Michel Platini et XV de France/ Presse Sports ; Nageurs français relais et Amélie Mauresmo/Panoramic ; Photo de groupe/Gilles Gustine, France Télévisions

Dépôt légal : octobre 2015

Imprimé en France par Loire Offset Titoulet